情報工学レクチャーシリーズ

オペレーティングシステム【第2版】

松尾啓志＝著

森北出版株式会社

情報工学レクチャーシリーズ

■ 編集委員

高橋　直久　名古屋工業大学名誉教授
　　　　　　工学博士

松尾　啓志　名古屋工業大学大学院教授
　　　　　　工学博士

和田　幸一　法政大学教授
　　　　　　工学博士

五十音順

●本書の補足情報・正誤表を公開する場合があります．当社 Web サイト（下記）で本書を検索し，書籍ページをご確認ください．
https://www.morikita.co.jp/

●本書の内容に関するご質問は下記のメールアドレスまでお願いします．なお，電話でのご質問には応じかねますので，あらかじめご了承ください．
editor@morikita.co.jp

●本書により得られた情報の使用から生じるいかなる損害についても，当社および本書の著者は責任を負わないものとします．

[JCOPY] 〈（一社）出版者著作権管理機構　委託出版物〉
本書の無断複製は，著作権法上での例外を除き禁じられています．複製される場合は，そのつど事前に上記機構（電話 03-5244-5088，FAX 03-5244-5089，e-mail: info@jcopy.or.jp）の許諾を得てください．

「情報工学レクチャーシリーズ」の序

　本シリーズは，大学・短期大学・高専の学生や若い技術者を対象として，情報工学の基礎知識の理解と応用力を養うことを目的に企画したものである．情報工学における数理，ソフトウェア，ネットワーク，システムをカバーし，その科目は基本的な項目を中心につぎの内容を含んでいる．

　「離散数学，アルゴリズムとデータ構造，形式言語・オートマトン，信号処理，符号理論，コンピュータグラフィックス，プログラミング言語論，オペレーティングシステム，ソフトウェア工学，コンパイラ，論理回路，コンピュータアーキテクチャ，コンピュータアーキテクチャの設計と評価，ネットワーク技術，データベース，AI・知的システム，並列処理，分散処理システム」

　各巻の執筆にあたっては，情報工学の専門分野で活躍し，優れた教育経験をもつ先生方にお願いすることができた．

　本シリーズの特長は，情報工学における専門分野の体系をすべて網羅するのではなく，本当の知識として，後々まで役立つような本質的な内容に絞られていることである．加えて丁寧に解説することで内容を十分理解でき，かつ概念をつかめるように編集されている．

　情報工学の分野は進歩が目覚しく，単なる知識はすぐに陳腐化していく．しかし，本シリーズではしっかりとした概念を学ぶことに主眼をおいているので，長く教科書として役立つことであろう．

　内容はいずれも基礎的なものにとどめており，直感的な理解が可能となるように図やイラストを多用している．数学的記述の必要な箇所は必要最小限にとどめ，必要となる部分は式や記号の意味をわかりやすく説明するように工夫がなされている．また，新しい学習指導要領に準拠したレベルに合わせられるように配慮されており，できる限り他書を参考にする必要がない，自己完結型の教科書として構成されている．

　一方，よりレベルの高い方や勉学意欲のある学生のための事項も容易に参照できる構成となっていることも本シリーズの特長である．いずれの巻においても，半期の講義に対応するように章立ても工夫してある．

　以上，本シリーズは，最近の学生の学力低下を考慮し，できる限りやさしい記述を目指しているにもかかわらず，さまざまな工夫を取り込むことによって，情報工学の基礎を取りこぼすことなく，本質的な内容を理解できるように編集できたことを自負している．

　　　　　　　　　　　　　　　　　　　　　　　　　　　高橋直久・松尾啓志・和田幸一

第2版にあたって

　初版が出版されてから13年あまりが経過したが，情報工学を学ぶ学生にとってオペレーティングシステムを理解する重要性は変わっていないどころか，スマートフォンやIoTなどさまざまな分野でオペレーティングシステムの知識が必要となっている．また，オペレーティングシステムの考え方の基本である"システム"として考える重要性も，さまざまな分野で増している．

　本書で取り上げているオペレーティングシステムの技術は，重要な四つの分野（CPUの仮想化，並行プロセス，主記憶管理，ファイル）の基礎に絞っているため，現在でも記述に古い部分はない．しかし，初版出版以来，多くのご意見をいただくとともに，とくに仮想計算機の発達に伴い，加筆が必要だと感じる部分が出てきたため，それらをふまえて内容の改訂を行った．主な改訂点は以下のとおりである．

- 全体的に文章を見直し，わかりづらい文章の修正や説明の追加を行った．
- 第2章「プロセス」において，スレッドに関する記述を加筆した．
- 第13章，第14章「ファイル」において，オペレーティングシステムの異常終了時のファイルの不整合状態と，Linux ext3を例にしたジャーナリングによる整合性の保護を加筆した．
- 第15章「仮想化」を追加した．仮想化はCPUアーキテクチャとも密接に関係するため，本書の範囲を超える部分もある．しかし，仮想計算機の流れは大きなものであり，卒業時にある程度の知識がないと，大規模計算機システムの開発設計に支障を及ぼすと考えて追加した．学部のカリキュラムの進み具合に応じて，学習していただければ幸いである．
- 大部分のコラムの加筆，書き換えを行った．とくに，スマートフォンのオペレーティングシステムやクラウド，CPUのメニーコア化の背景など，大規模計算機システムを設計するために必須の知識を得るための入口となるような話題にした．

　この第2版が，オペレーティングシステムの学習や今後の大規模計算機システムの開発設計に役立てられれば幸いである．

　2018年9月

松尾啓志

序　文

　近年，オペレーティングシステムは，汎用計算機，パーソナルコンピュータにとどまらず，携帯電話，PDA（personal digital assitance）やテレビ，DVD レコーダなど，従来は対象とされていなかった製品にも導入されつつある．またこの流れは，電化製品の高機能化や多機能化により，さらに加速すると考えられる．

　一方，大学教育におけるオペレーティングシステムは，情報工学科では必須の学問と考えられているが，電気工学科，電子工学科，計測工学科などの電気関連学科ではカリキュラムに採り入れられていない場合が少なくない．

　しかし，オペレーティングシステムは，その適用分野が広がるにつれて，広い意味での電気系技術者が，是非とも身につけなければならない知識となりつつある．

　本書は，オペレーティングシステムの教科書として，情報工学を専攻する学生に対しては入門用として，電気系関連学科を専攻する学生には，今後のシステム開発のための基礎となることを想定し，取り上げる分野を四つの分野（CPU の仮想化，並行プロセス，主記憶管理，ファイル）に絞り，大学における半期の講義で十分にオペレーティングシステムの基礎知識が身につくことを目指した．

　CPU の仮想化技術は，さまざまな装置，複数のユーザ，種類の異なる仕事から構成されるオペレーティングシステムを理解するうえで重要な考え方である．とくにコンピュータシステムは，10^{-1} 秒程度の速度で反応する人間，10^{-3} 秒程度の速度で読み書き可能なハードディスク装置，10^{-7} 秒程度で読み書き可能な主記憶装置，10^{-9} 秒程度の速度で命令を実行する中央処理装置（CPU，プロセッサ）が密接に絡み合った複雑なシステムである．これらまったく速度の違う要素を効率よく結合し，システムとして性能を向上させるための，仮想化技術，スケジューリング手法について示す．

　並行プロセスは，非同期で動作するさまざまなプログラムを協調させる基本概念であり，クライアントサーバモデルや，P2P（ピアツーピア）モデル，マルチプロセッサ，クラスターコンピューティングなどの通信システムだけでなく，情報家電におけるユーザインターフェースなど，機能の多重化，協調が必要なシステムを設計するうえで理解することが必須の分野である．

　主記憶管理およびファイルでは，それぞれの記憶装置の仮想化手法について示す．これらは，CPU の仮想化と同様，速度が異なるさまざまな要素を結合させるための

基本技術である.

　本書は以下の四つを編集方針として，内容および構成の検討を行った.

(1) ほかのオペレーティングシステムの教科書がよく取り上げるハードウェアに近い部分(たとえば，割込み制御，DMA を含む入出力)，応用ソフトウェア(グラフィカルユーザインターフェース，プログラミング環境)や分散処理(分散オペレーティングシステム，インターネット)はほとんど取り上げない．これらの分野はオペレーティングシステムやネットワーク，計算機ハードウェアの理解を必要とする発展的分野であり，本書でオペレーティングシステムの基礎を身につけた後，発展的な学習として習得されることを期待する.

(2) コンピュータシステムが動作速度の大きく異なる多様な要素で構成されていることを，具体的な数値を提示して示し，なぜ導入されたオペレーティングシステムの機能が必要なのか，どのように実現すればよいかを具体的に説明した.

(3) 本文中のオペレーティングシステムの基本技術と UNIX (Linux) や Windows に実装された技術とを関連づけて説明することにより，基本原理の学習に関する興味をもてるよう心掛けた.

(4) 各章で説明する内容を講義の 1 回分に対応する構成とし，予習や復習を行いやすいように配慮した.

　本書は，情報系関連学科では大学 2 年生(高等専門学校情報系では最終学年)で，電気系関連学科では大学 3 年生で学習することを想定した．したがって，情報関連技術者を目指す学生諸君は，本書の後，さらにこれらの分野の学習をすることが必須であり，本書巻末の "さらなる勉強のために" を参考に，より深くオペレーティングシステムに関する理解を深めてほしい.

　なお本書では，プログラミング言語(C 言語)，CPU の実行方式，コンピュータの構成(メモリ，ハードディスクなど)の基礎的な知識をすでに習得済であると想定している.

　本書は筆者が十数年名古屋工業大学で行っているオペレーティングシステムの講義ノートをまとめたものであり，講義中いろいろなコメントをくれた学生，研究室学生諸君(とくに松井俊浩君，島 隆二君には構成段階でさまざまなコメントをいただいた)に感謝します．また，編集時にお世話になった森北出版の加藤義之氏にお礼申し上げます.

　　2005 年 9 月

　　　　　　　　　　　　　　　　　　　　　　　　　　　　　　　　松尾啓志

目　　次

略　　語 　　　　　　　　　　　　　　　　　　　　　　　　　viii

第1章　オペレーティングシステムとは 　　　　　　　　　　　1
　1.1　オペレーティングシステムの役割 　……………………　1
　1.2　ハードウェアリソースの多重化と効率化 　………………　5
　1.3　プログラムの処理形態 　……………………………………　6
　演習問題 　…………………………………………………………　12

第2章　CPUの仮想化：プロセス 　　　　　　　　　　　　　14
　2.1　プロセスとその処理形態 　…………………………………　14
　2.2　割込み 　………………………………………………………　15
　2.3　割込みによるプロセスの中断と再開 　……………………　17
　2.4　プロセスの三つの状態 　……………………………………　19
　2.5　スレッド 　……………………………………………………　21
　演習問題 　…………………………………………………………　22

第3章　CPUの仮想化：スケジューリング 　　　　　　　　　25
　3.1　スケジューリングの基本 　…………………………………　25
　3.2　スケジューリングの目的 　…………………………………　26
　3.3　さまざまなスケジューリング方式 　………………………　27
　3.4　スケジューリングアルゴリズムの実行例 　………………　32
　3.5　事例：UNIXにおけるスケジューリング 　………………　35
　演習問題 　…………………………………………………………　39

第4章　並行プロセス：排他制御基礎 　　　　　　　　　　　41
　4.1　プロセスの競合，協調，干渉 　……………………………　41
　4.2　排他制御 　……………………………………………………　45
　4.3　Dekkerのアルゴリズム 　…………………………………　47
　4.4　割込み制御による排他制御 　………………………………　49

vi 目 次

	4.5 ハードウェアによる排他制御	49
	演習問題	51

第5章 並行プロセス：セマフォア | 52
5.1 セマフォア構造体	52
5.2 基本的なプロセス協調問題	53
演習問題	63

第6章 並行プロセス：モニタ | 65
6.1 セマフォアの問題点	65
6.2 オブジェクト指向	65
6.3 モニタ	67
6.4 事例：Linux における並行プロセス処理	72
演習問題	75

第7章 主記憶管理：基礎 | 77
7.1 主記憶管理の目的	77
7.2 下限レジスタ機構	80
7.3 ロック／キー機構	81
演習問題	83

第8章 主記憶管理：領域割り当て | 84
8.1 プログラムの主記憶領域確保	84
8.2 プログラムのロードと領域の再配置	89
8.3 オーバーレイ	92
演習問題	93

第9章 主記憶管理：ページング | 94
9.1 主記憶の動的再配置	94
9.2 ページング	95
9.3 ページングの問題点と解決策	99
演習問題	103

第10章 主記憶管理：セグメンテーション | 104
10.1 セグメンテーション	104
10.2 ページ化セグメンテーション	106
10.3 多重レベルページング	108
10.4 0レベルページング	109
演習問題	110

目　次　vii

第 11 章　主記憶管理：仮想記憶　112

11.1　スワップスケジューリング ……………………………………… 112
11.2　参照ビットを用いたスワップアウト対象ページの決定 ……………… 115
11.3　主記憶アクセスの局所性 ……………………………………… 117
演習問題 ……………………………………………………………… 118

第 12 章　主記憶管理：ページ置き換え方式　120

12.1　静的ページ置き換え方式 ……………………………………… 120
12.2　Belady の例外 ………………………………………………… 122
12.3　動的ページ置き換え方式 ……………………………………… 125
演習問題 ……………………………………………………………… 127

第 13 章　ファイル：基礎　128

13.1　ファイルによる 2 次記憶の管理 ……………………………… 128
13.2　2 次記憶の種類とアクセス方式 ……………………………… 129
13.3　プログラム側からみた 2 次記憶アクセス方式 ……………… 132
13.4　階層化ディレクトリシステム ………………………………… 133
13.5　領域割り当て方式 ……………………………………………… 137
13.6　ファイルの整合性の保護 ……………………………………… 140
演習問題 ……………………………………………………………… 142

第 14 章　ファイル：より進んだファイルシステム　144

14.1　ディスクキャッシュ …………………………………………… 144
14.2　非同期入出力 …………………………………………………… 145
14.3　ファイルシステムの仮想化 …………………………………… 147
14.4　事例：MS‐DOS と Linux のファイルシステム ……………… 148
演習問題 ……………………………………………………………… 153

第 15 章　仮想化　156

15.1　仮想化の背景 …………………………………………………… 156
15.2　仮想化の方式 …………………………………………………… 158
15.3　仮想化のオーバーヘッドと CPU 支援機能 ………………… 159
演習問題 ……………………………………………………………… 163

さらなる勉強のために　166

演習問題解答　168

索　引　178

略　語

ABI（application binary interface）　157

CPU（central processing unit）：中央処理装置　1

EPT（extended page table）　161

FAT（file allocation table）ファイルシステム：FAT ファイルシステム　148

FCFS（first come first served scheduling）：到着順スケジューリング　27

FIFO（first in first out scheduling）：到着順スケジューリング　27

FIFO（first in first out）アルゴリズム：到着順ページ置き換えアルゴリズム　122

JCL（job control language）：ジョブコントロール言語　7

LFU（least frequently used）アルゴリズム：最低使用頻度順ページ置き換えアルゴリズム　122

LRU（least recently used）アルゴリズム：最長不使用ページ置き換えアルゴリズム　114, 121

MLF（multilevel feedback scheduling）：多重レベルフィードバックスケジューリング　31

MMU（memory management unit）：主記憶管理部　79

MUTEX（mutual exclusion）：排他制御　44, 53

OS（operating system）：オペレーティングシステム　2

PCB（process control block）：プロセス制御ブロック　18

PS（priority scheduling）：優先度順スケジューリング　30

PSW（program status word）：プログラム状態語　18

RR（round robin scheduling）：ラウンドロビンスケジューリング　31

SPT（shortest processing time first scheduling）：処理時間順スケジューリング　28

SRT（shortest remaining time first scheduling）：残り処理時間順スケジューリング　29

TLB（translation lookaside buffer）：連想レジスタ　101

TS（test and set）命令：テストアンドセット命令　49

TSS（time sharing system）：タイムシェアリングシステム，時分割処理方式　8

VM（virtual machine）：仮想計算機　157

第1章

オペレーティングシステムとは

keywords

時分割多重化，空間分割多重化，バッチ処理，ターンアラウンドタイム，対話処理，スループット，タイムシェアリングシステム，クオンタム，レスポンスタイム

コンピュータにおいて，ハードウェアとソフトウェアはどのように処理のやりとりをしているのだろうか．そのやりとりを容易にまた効率的にしているのが，本書で学ぶオペレーティングシステムである．本章では，まずオペレーティングシステムの役割について，つぎに，オペレーティングシステムが行っている処理の中でとくに重要なハードウェアリソースの仮想化の基本，プログラムの処理形態について説明する．

1.1 オペレーティングシステムの役割

コンピュータは，図 1.1 に示すように，**中央処理装置**(central processing unit：CPU)，**主記憶装置**(メモリ)，さらに 2 次記憶装置(ハードディスク，CD-R，USB メモリなど)，キーボード，マウスなどの入出力装置，表示装置(グラフィック制御装置)などさまざまなハードウェアから構成されている．また，入出力制御装置は，コンピュータに接続された多様な入出力装置(マウス，キーボード，モニタなど)を制御する装置である．入出力制御装置は CPU からの命令を解釈することにより，それぞれ

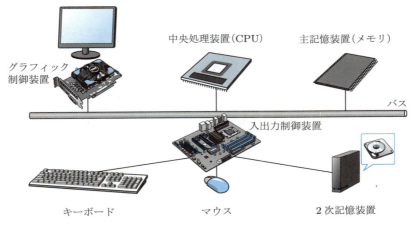

図 1.1　コンピュータを構成するハードウェア

2 第1章 オペレーティングシステムとは

```
#include <stdio.h>
void main()
{
  int i,j;
  scanf("%d %d",&i,&j);
  printf("%d \n",i+j);
}
```

図 1.2 プログラム

の装置を制御する.

図 1.2 に示すプログラム(C 言語)は,キーボードから二つの数字を入力(scanf() 関数)すると,画面に出力(printf() 関数)するプログラムである.本来は,このプログラム中でキーボードやグラフィック制御装置を操作する命令を記述する必要がある.つまり,「キーボードが押された」,「文字が入力された」,「画面上のどの位置に表示する」,「どのようなフォント,大きさで表示する」など,入出力装置を制御するための命令が必要となる.しかし,プログラム中に入出力制御装置を制御する命令はまったく書かれていない.

また,作成したプログラムを実行するコンピュータ上では,複数のプログラムが動作している可能性もあるため,図 1.2 のプログラムは必ずしも実行する時点で CPU などのハードウェアを利用できるとは限らないが,CPU がほかのユーザに使われている状況や,マウスがウィンドウ内に入っていないためにキーボードから入力できない状況[1]などハードウェアが利用できないことをまったく想定していない.それでもなぜこのプログラムが動くのか.それはオペレーティングシステムがあるからである.つまり,オペレーティングシステムは,ハードウェアの確保,ユーザインターフェース,入出力制御など,プログラム本体とは異なる制御を,プログラマが意識することなく,プログラムすることを可能とする一連の制御プログラムの集合体なのである.

オペレーティングシステム(operating system：OS)

ハードウェアとしてのコンピュータを,アプリケーションプログラム(プログラマ)にとって,より容易に,より効率的に利用可能とする一連のプログラム.

オペレーティングシステムが,プログラムに対して割り振りの対象とする中央処理装置,主記憶装置,2 次記憶装置,入出力装置などのハードウェアを,**ハードウェアリソース**(ハードウェア資源)という.また,ソフトウェアの使用権などを**ソフトウェアリソース**(ソフトウェア資源)という.

図 1.3 にハードウェア,オペレーティングシステム,ソフトウェア,ユーザの関係を示す.ユーザは,**応用プログラム**(アプリケーションプログラム)とよばれるソフトウェアと対話することにより,目的の仕事を遂行する.応用プログラムとは,たとえばワープロソフトや,ゲームソフト,ユーザ作成プログラム(たとえば図 1.2),さら

---

1) マイクロソフト Windows,UNIX X-window などのマルチウィンドウシステムを想定する.

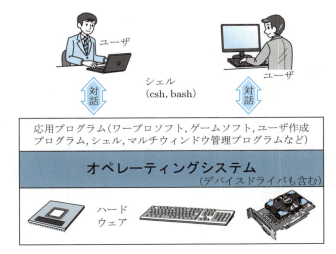

図 1.3 ハードウェア，オペレーティングシステム，ソフトウェア，ユーザの関係

には UNIX におけるユーザインターフェースプログラムであるシェル（csh，bash など），マルチウィンドウ管理プログラム[1]などである．応用プログラムは直接ハードウェアに対して命令を出すことはなく，応用プログラムとハードウェアの間に位置するオペレーティングシステムが双方の橋渡しを行う．

このような役割を担うオペレーティングシステムにとって重要となる性質は，「容易性」と「効率性」である．

(1) 容易性

容易性は，大きくつぎの二つに分類される．

一つは，ハードウェアへのアクセスの容易性，つまり，プログラム側がハードウェアを操作するために使いやすいインターフェースを提供することである．図 1.2 のプログラムの場合，scanf() 関数を実行するだけでキーボードから数字を読み込むことができ，printf() 関数を呼び出すだけで画面に数字を出力できる．もし，オペレーティングシステムの助けがなければ，実行中のプログラムが用いる表示のためのウィンドウが，マウスによりフォーカスされているか（キーボードの制御権が自分のプログラムにあるか）を確認してからキーボードをコントロールしている制御装置に命令を出して，キーボードから 1 文字を読み込むプログラムを実行しなければならない．この操作は，改行キーが入力され，文字列の入力が終了するまで実行し続ける必要がある．さらに文字を出力する場合は，画面を制御するグラフィック制御装置に対して出力する文字を表示するように依頼する制御プログラムの作成が必要となる．このように，オペレーティングシステムが介在することにより，ユーザは入出力装置に対して非常に簡単にアクセスすることが可能となる．

もう一つは，ハードウェアリソースの確保の確認に対する容易性である．通常，コ

---

[1] オペレーティングシステムによっては，マルチウィンドウ管理プログラムはオペレーティングシステムに属すると考えられる実装もある．

ンピュータ内では複数のプログラムが実行されている．それぞれのプログラムの実行にハードウェアリソースが必要となるため，個々のプログラムはハードウェアリソースの確保に対する制御を行う必要がある．つまり，ハードウェアリソースが確保できるまで実行しないという制御をユーザがプログラム中に記述する必要がある．しかし，これらの制御は非常に複雑であるため，一般ユーザがこれらを意識したプログラムを作成することは現実的でない．オペレーティングシステムはこの容易性を確保するために，実際には有限個(有限の大きさ)しかないハードウェアリソースを無限個，無限大のハードウェアリソースとしてプログラム側に提供する(図 1.4)．これを**仮想化**という．したがって，プログラム側はハードウェアリソースが確保できないという状況を心配することなく，プログラムを実行することが可能となる．

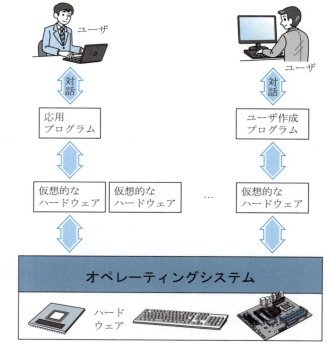

図 1.4　ハードウェア，オペレーティングシステム，ソフトウェアの関係

(2) 効率性

次節で説明するように，ハードウェアを仮想化する際，容易性を実現するために有限個しかないハードウェアリソースを無限大にみせかける方式が用いられる．しかし，仮想化されたハードウェアリソースも本来有限個(有限の大きさ)しか存在しないため，原則的にはハードウェアリソースの共有が必要となる．そのため，プログラム間で共有されたリソースへ複数のプログラムがアクセスする際には，適切なスケジューリングを行い，効率性を高める必要がある．

オペレーティングシステムは，近年ハードウェアリソースの肥大化(CPU 速度の向上，主記憶・2 次記憶量の増加，ネットワークの高速化)により，その役割が広がりつ

つある．たとえば，つぎに示す機能の提供もオペレーティングシステムの役割として
追加されると同時に，その比重も増大している．

① **ソフトウェアリソース管理**　　プログラムの実行に必要な最低限のソフトウェ
アのみを実行したり，膨大なソフトウェアリソースのバージョン管理を行うこと．

② **プログラミング作成支援**　　膨大なソフトウェアを作成するために，ライブ
ラリ管理，ユーザインターフェースなどの支援を行うこと．

③ **統合的なコンピュータシステム環境**　　ローカルなコンピュータに存在する
ハードウェア，ソフトウェアリソースに加えて，ネットワークリソース，さらに
はネットワークを通じて結合したコンピュータに存在するハードウェア，ソフ
トウェアリソースの利用も含めた支援を行うこと．

このようにオペレーティングシステムが行わなければならない仕事は増大しており，
それにつれてオペレーティングシステムは複雑化してきている．このため，いかに効
率性を保つかは非常に重要である．

1.2　ハードウェアリソースの多重化と効率化

有限のハードウェアリソースを，複数のプログラムで使うには，ハードウェアリ
ソースの数を，実際の数より多くみせる必要がある．この操作を**多重化**[1]とよぶ．一
般に，多重化にはつぎの二つの方法がある．

① **時分割多重化**（図 1.5 (a)）　　時間軸上での多重化を行う．つまり，時間を区
切ることにより，ハードウェアリソースを複数のプログラムに交互に利用させ
る方式である．

② **空間分割多重化**（図 1.5 (b)）　　空間軸上での多重化を行う．つまり，ハード
ウェアリソースを複数の領域に区切ることにより，複数のプログラムに別々の
領域を利用させる方式である．

一般的に，リソースの仮想化と効率化は相反するものである．たとえば，時分割多
重化の場合，ある時刻であるユーザに提供していたリソースを，つぎのある時刻でほ
かのユーザに提供する必要がある．また，実行を再開するユーザに対して，中断する
前の状態を完全に復元して提供する必要もある．これは，日時に応じて，車か歩行者
専用に切り替える歩行者天国をする道路に似ている．切り替え時には，車も歩行者も
利用できないだけでなく，どちらかを除いたり，通行止めの標識を設置，撤去したり
といった余計な作業（オーバーヘッド）が発生する．

コンピュータシステムの場合，何らかの仮想化プログラムによりハードウェアリ
ソースの共有を制御する必要があり，応用プログラムなど目的のプログラムの実行
に用いられるべき CPU リソースの一部などのハードウェアリソースを，時分割もし
くは空間分割により多重化する操作に割り当てる必要がある．このように，多重化は

---

1)　仮想化と多重化は，その実現方法はよく似ているが，ユーザからみた扱いが異なる．仮想化とは，リソー
スの物理的特性を隠蔽し，ユーザに操作しやすいインターフェースを提供するしくみのことである．

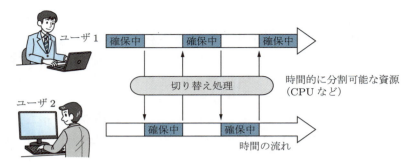

(a) 時分割多重によるリソースの多重化

(b) 空間分割多重によるリソースの多重化

図 1.5　二つの多重化方式

オーバーヘッドにつながり，効率性を阻害する．

　コンピュータシステム内で実行中の複数のプログラムは，長時間の CPU リソースを要求するプログラム，大容量の 2 次記憶を要求するプログラム，緊急に実行しなければならないプログラムなどさまざまな特性を有する．したがって，プログラムをどのような順序で実行するのか，いつ，どのプログラムにハードウェアリソースを割り当てるのかを決定するスケジューリングは，コンピュータシステムの使いやすさや性能に大きく影響を及ぼす．

1.3　プログラムの処理形態

　オペレーティングシステムは，リソースを仮想化することにより，コンピュータ内のリソースの割り当てを行うが，そのリソースの割り当て対象となる単位を**プロセス**とよぶ．一方，仕事を依頼する側（ユーザ）からみた仕事の単位を**ジョブ**とよぶ．

　図 1.6 に示す UNIX のコマンドは，ファイル名 input の内容をプログラム中に読み込み（cat コマンド），行単位にソート（sort コマンド）して，重複部分を削除（uniq コマンド）したものを画面に出力する．当然，ユーザからみた仕事の単位，すなわちジョブは入力した 1 行ひとまとまりである．一方，オペレーティングシステムからみた場合，cat，sort，uniq の三つのコマンドがそれぞれ別々のプロセスとして，リソースの割り当て，およびスケジューリングの対象となる[1]．

---

1) プロセスやジョブの定義は，オペレーティングシステムにより異なる場合がある．

図 1.6 UNIX のコマンドの実行とジョブ，プロセス

ここでは，オペレーティングシステム内でのジョブやプロセスの代表的な実行形態であるバッチ処理と対話処理などについて説明する．

1.3.1 バッチ処理

ユーザがジョブをコンピュータに一括して依頼し，コンピュータはプログラムの実行前に一括に投入されたジョブに含まれる情報のみによって処理を行う方式を**バッチ処理**という．一括して投入されたジョブに含まれる情報は，大きくつぎの三つに分けられる．

① **実行時に必要とするリソース**　投入するジョブが必要とするハードウェアリソース（CPU 時間，メモリ量，ファイルの大きさと数，そのほかに実行時に必要となる入出力（I/O）装置など）を記述したプログラム．ジョブコントロール言語（job control language：**JCL**）により記述する．

② **プログラム本体**　実行するプログラムのソースコード[1]．

③ **データ**　プログラムの実行上必要となるすべての入力データ．

バッチ処理の特徴は，実行上必要なリソースをすべて実行前に宣言するところにある．これにより，オペレーティングシステム側は，投入されたジョブが実行時に必要とするリソースを，JCL からあらかじめ知ることができるため，実行を待っている複数のジョブの中で，つぎにどのジョブを実行すれば結果としてシステムの効率が向上するかを容易に予測できる．さらにバッチ処理は，後述する対話処理と比べてプログラム本体の実行に必要な処理以外（リソースの多重化による切り替え処理など）の処理が少なく，ハードウェアリソース（とくに CPU リソース）を効率的に使えるという特徴もある．

バッチ処理におけるコンピュータシステムの効率を図る指標として，**ターンアラウンドタイム**がある．ターンアラウンドタイムとは，ジョブが待ち行列に投入されてから，そのジョブの処理が終わるまでの時間である．一般に，実行に必要なリソースの少ない（とくに CPU リソース）ジョブを優先したスケジューリングのほうが，ジョブの平均ターンアラウンドタイムが少ないことがわかっている．

図 1.7 にバッチ処理方式の概略を示す．ユーザが投入するジョブ（前述の 3 種類の情報をもつ）は，図中①のように待ち行列に投入される．つぎに，スケジューラは待ち行列から実行するジョブを選択し，計算機に投入する（図中②）．投入されたジョブは，終了するまですべての CPU リソースを含むすべてのリソースを占有して処理を

---

[1] ソースコードとは，コンパイルする前のプログラムのことである．

図 1.7　バッチ処理

```
// JOB1     JOB (12345),CLASS=X            JOB1 はクラス X で実行する（実行するクラス
                                           により，利用できるリソース量が異なる）．
// STEP1    EXEC PGM=TEST                  実行するプログラム名は TEST．
// DDIN     DD DISP=SHR,DSN=INPUT1         入力するデータは INPUT1．
// DDOUT    DD DISP=(NEW,CATLG),DSN=OUTPUT(+1),
//          UNIT=SYSDA,SPACE=(CYL,(15,15),RLSE),DCB=*.DDIN
                                           出力するデータは新規に作成し，割り当ては，
                                           CYL（シリンダー）単位で行い，空き領域は開
                                           放する．
以後省略
```

図 1.8　JCL の一例

実行する（図中③）．処理の終了時に（図中④）ジョブはすべてのリソースを開放し，スケジューラに対して終了を通告する．これにより，スケジューラは新たに待ち行列から実行するジョブを選択する（図中②）．図 1.8 に JCL の一例を示す．

1.3.2　対話処理

　プログラムの実行中に入力が必要となった場合に，ユーザがその時点で入力を行い，プログラムの実行を制御する処理形態を**対話処理**という．**インタラクティブ処理**とよぶ場合もある．

　対話処理で問題となるのは，コンピュータと人間との速度差である．人間の反応速度とコンピュータの処理速度には，大きな差がある．たとえば，人間のキーボード入力速度は最大でも 10^{-1} 秒程度であるのに対して，近年のコンピュータが 1 命令を処理する時間は 10^{-9}（1n）[1]秒以下である．したがって，対話処理を行う場合，コンピュータ側からみると，人間の入力時間は実行が非常に長時間止まっていることと等しい．つまり，人間の入力待ちにより，効率化のもう一つの指標であるスループットの低下が発生する．**スループット**とは，コンピュータが単位時間に行う仕事量のことである．入力待ちなどにより処理が止まっている時間が多いほどスループットが低下する．

　対話処理を採用する場合の代表的なプロセス実行形態として**タイムシェアリングシステム**（**時分割処理方式**，time sharing system：**TSS**）がある（図 1.9）．タイムシェアリングシステムとは，複数のプロセスに非常に短い時間（10^{-3} 秒程度）単位で CPU の実行権を与え，対話処理を実行中の各プロセスに，あたかも CPU を占有しているか

---

[1]　接頭語 k（キロ）は 10^3，M（メガ）は 10^6，G（ギガ）は 10^9 を，一方，これらの接頭語の逆数である m（ミリ）は 10^{-3}，μ（マイクロ）は 10^{-6}，n（ナノ）は 10^{-9} を表す．また，これらの接頭語を周波数に適用した kHz，MHz，GHz，周期に適用した ms，μs，ns は，システム設計上重要な単位である．

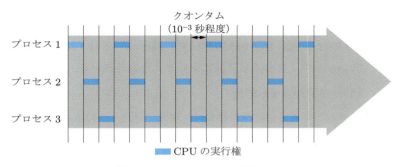

図 1.9　タイムシェアリングシステム

のようにみせかける CPU の時間軸方向の仮想化手法である．なお，1 回に割り当てられる時間を**クオンタム**とよぶ．このように，CPU リソースを時分割することにより，入力待ち状態にあるプロセスに CPU リソースが割り当てられ続けることがなくなり，ほかの CPU リソースを必要としているプロセスに CPU が割り当てられるため，結果としてスループットの向上が期待できる（詳細は第 2 章）．

対話処理におけるシステムの効率を図る指標として，**レスポンスタイム**がある．レスポンスタイムとは，ユーザがコマンドを対話的に入力してからコンピュータが処理結果を返すまでの時間である．

なお，バッチ処理と対話処理は相反する処理方式ではなく，現在のコンピュータシステムにおいては互いに共存関係にある．しかし，コンピュータシステムがもつ性格により，この二つの処理の重要性に多少の違いがある．代表的なコンピュータの利用形態である，スーパーコンピュータ，メインフレーム，パーソナルコンピュータにおけるバッチ処理と対話処理の扱い方についてはつぎのとおりである．

① **スーパーコンピュータ**　計算速度が何よりも重視されるシステムであり，一つのジョブは数時間から数十時間実行されることが多い．したがって，処理にオーバーヘッドの少ないバッチ処理が最重要視され，TSS は必要最小限のユーザインターフェース処理のみに用いられることが多い．

② **メインフレーム**　銀行の勘定系（ATM システムなど）や，大企業の基幹システムに用いられる大型コンピュータシステムの総称であり，大規模演算から対話処理が必要な Web サービスまで，さまざまな利用形態で実行される．このようなシステムは，バッチ処理と TSS が共存して実行されるが，バッチ処理対象のジョブに比べて，対話処理に CPU リソースの割り当ての優先権が与えられることが比較的多い．

③ **パーソナルコンピュータ**　ユーザとの対話時のレスポンスタイムの向上が，なによりも重要視される利用形態である．したがって，通常の利用においては，対話性を損なうバッチ処理を併用することはほとんどない．

10   第1章　オペレーティングシステムとは

1.3.3　そのほかの処理方式

　バッチ処理，対話処理以外にも，オペレーティングシステムがユーザから与えられたジョブやプロセスを処理する形態は複数存在する．主なものをつぎに示す．

（1）　リアルタイム処理

　テレビのように動画の場合，遅れなく処理しなければならないため，1枚の画像に対して 1/60 秒ごとに必ず何らかの処理を行う必要がある．つまり，オペレーティングシステムは，処理を行うプロセスに対して 1/60 秒ごとに処理を行うのに十分な CPU リソースを割り当てる必要がある．しかし，バッチ処理や対話処理のような処理形態では，一定時間内に必ず処理を完了するために必要な CPU リソースが割り当てられるという保証はない．TSS では，たくさんのプロセスが同時実行された場合，実行中のプロセス数に比例して CPU リソースがプロセスに割り当てられる時間間隔が長くなることは明らかである．

　テレビ画像や，音楽データを対象とした処理のように，あるジョブやプロセスが発生した時点から決められた時間内に実行を保証する処理を，**リアルタイム処理**とよぶ．このような処理の例としては，工場のプロセス制御，ロボット制御などの制御系システム，音，画像などのメディア処理がある．また，リアルタイム処理の中でも，座席予約システム，銀行の ATM システムなどの事務処理を目的とした処理形態をとくに**オンライン処理**とよぶことが多い．

　リアルタイム処理を実現するためには，レスポンスタイムの変動要素となる処理をできるかぎり排除する必要がある．たとえば，設計時に想定した以上のプロセス数の同時実行禁止，レスポンスタイム変動の大きな原因となるハードディスクの利用制限，プログラムを常時主記憶内に常駐させるなど，さまざまな手法がある．当然これらの処理を達成するためには十分なハードウェアリソースを確保する必要があり，システム全体のコストは高価なものとなる．

（2）　分散処理

　ローカルエリアネットワーク，インターネットの発達に伴い，従来の1台のコンピュータだけが単独で処理を行う方式ではなく，図1.10 のように，複数のコンピュータを同時に用いて一連の処理を行う方式が一般的となった．このような処理形態のことを**分散処理**とよぶ．

　たとえば，Web ページの閲覧は，2台のコンピュータ間でのファイル転送が基本となっており，厳密な通信規約（通信プロトコル）に従って2台のコンピュータの間で Web ページがやりとりされる．このように，データを配送する（サービスを提供する）コンピュータとデータを受信する（サービスを受ける）コンピュータに分かれて処理を行う分散処理モデルを，**クライアントサーバモデル**とよぶ．

　また，コンピュータ間でのファイル共有も分散処理の一例である．1984 年にサン・マイクロシステムズ社により開発された NFS（network file system）は，地理的に離れたコンピュータにあるファイルを，そのファイルが地理的に離れたコンピュータに

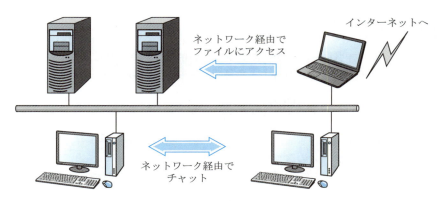

図 1.10　分散処理方式

あることをまったく意識せずにローカルのコンピュータから用いることができる透過的(トランスペアレント)なアクセスを実現した．

　さらに，ネットワークで結合された複数のコンピュータ内のリソースを，一つのオペレーティングシステムで管理する分散オペレーティングシステムのプロジェクトが 1980 年中頃から現在までさまざまな形で進んでいる．しかし，現在主流となっている UNIX や Windows といったオペレーティングシステム上で用いられているアプリケーション(たとえば，ワープロ，表計算アプリケーション)をそのまま実行することができないという，互換性の問題があった．また，オペレーティングシステムの分散化による絶対的な性能低下，分散オペレーティングシステムでしか実行できないキラーアプリケーション[1]が存在しないなどの問題点もあり，一般ユーザが用いる段階までには至らなかった．

　一方，オペレーティングシステムを分散化するのではなく，アプリケーションプログラムが複数のコンピュータを同時に用いる**分散コンピューティング**の分野においては，さまざまな適用例がある．1999 年にカリフォルニア大学バークレー校が開発した SETI@home は，電波望遠鏡により得られた地球外からの電波信号の解析を，個人のコンピュータの空き時間を使って行うという革新的なシステムである．各個人はインターネットを通じて解析対象の信号を受信し，分析後に送り返すプログラム(スクリーンセーバとして実装)をインストールすることにより，このプロジェクトに参加することが可能であった．地球外生命を発見するという夢のあるプロジェクトの性格もあり，2000 年には参加者が 200 万人を超える超大規模分散コンピューティングのプロジェクトにまで成長した．また，2010 年頃から急速に広まった仮想通貨におけるマイニングとよばれる処理は，インターネットで接続された数十万台(2018 年現在)の計算機を用いて行う分散コンピューティングである．

---

[1]　オペレーティングシステムを含む新しい環境が広く広まるためには，従来では実現できなかったアプリケーションが新しい環境でのみ提供可能であることが必要である．このようなアプリケーションをキラーアプリケーションとよぶ．たとえば，WWW はインターネットのキラーアプリケーションとよばれている．

12　第 1 章　オペレーティングシステムとは

第 1 章のポイント

1. **オペレーティングシステム**の目的は，ハードウェアリソース，ソフトウェアリソースの利用時における容易性，効率性の向上である．

2. リソースを配分される単位を**プロセス**とよび，ユーザからみたコンピュータに依頼する仕事のまとまりを**ジョブ**とよぶ．

3. オペレーティングシステムの基本的な枠組みは，リソースの**仮想化**と仮想化されたリソースの**スケジューリング**にある．

4. プログラムの処理形態は，**バッチ処理**と**対話処理**の二つが基本である．ほかにも，リアルタイム処理や分散処理などオペレーティングシステムの処理形態は広がりつつある．

5. 効率化の指標は大きく分けて，プログラムの実行を依頼してから結果が帰ってくるまでの時間の尺度である**レスポンスタイム**（対話処理の場合），**ターンアラウンドタイム**（バッチ処理の場合）と，一定時間内にコンピュータシステムが行う仕事量の尺度である**スループット**がある．

演習問題

1.1 プロセスとジョブの違いについて説明せよ．

1.2 マイクロソフト社の Windows や UNIX（Linux）に代表されるオペレーティングシステムと，メインフレームの違いを，できるかぎり挙げよ．

1.3 空間分割によるリソースの多重化時に考えられるオーバーヘッドについて説明せよ．

1.4 個人が使用するオペレーティングシステム（たとえば，マイクロソフト社の Windows 10 やアップル社の MacOS X）においても TSS が一般的に用いられている．この理由を，ユーザからみた利便性，システム資源の有効利用の面から考察せよ．

1.5 分散処理の中で，クライアントサーバモデルがいち早く広まった理由を考察せよ．

1.6 SETI@home など，インターネットで接続された複数のコンピュータを使う計算で，性能が向上するアプリケーションと，向上しないアプリケーションについて考察せよ．

COLUMN　オペレーティングシステムを学習するうえでの注意点

1. Windows や UNIX にある機能が必須の機能ではない

　Windows や UNIX は，一般ユーザが用いるオペレーティングシステムとして広く用いられている．これらのオペレーティングシステムで実現されている機能として，「タイムシェアリングシステムによる対話処理」，「階層型ディレクトリ」，「ファイルをプログラム実行中に作成できかつ大きさを増減可能なファイルシステム」，「グラフィカルユーザインターフェース(GUI)」，「マルチウィンドウシステム」，「自由に付けることが可能なファイル名」などがある．Windows や UNIX 系のオペレーティングシステムは，ユーザの使い勝手を最重要視しているオペレーティングシステムであり，この目的の実現のためには，大量のハードウェアリソース，ソフトウェアリソースを用いてもよいという思想のもとに実現されている．

　そのほかにも，計算速度を重要視するオペレーティングシステム，ファイルへのアクセス速度を重要視するオペレーティングシステム，多少のプログラムのミスやハードウェアの故障ではオペレーティングシステムが停止することのない安定性を重要視するオペレーティングシステム，必要とするハードウェアリソースが少ないことを重要視するオペレーティングシステムなど，多種多様のオペレーティングシステムがある．このように，オペレーティングシステムにはそれぞれの目的があり，Windows や UNIX では当然である機能が必ずしも実装されているわけではない．

2. 実装方式には複数の正解がある

　大学で学習する代数，微分方程式，アルゴリズムなどと異なり，オペレーティングシステムは，その名前のとおりシステムを理解する分野である．システムとは，「複数の要素が有機的に関係し合い，全体としてまとまった機能を発揮している要素の集合体(広辞苑より)」である．したがって，その目的により，複数の要素を結合するための実装方式には，多種多様な方式が存在し，決してその解は一つではなく，また最適解も存在しない場合が多く，大胆な近似や妥協が必要な場合も少なくない．つまり，オペレーティングシステムには，ただ一つのきれいな解というものはほとんどの場合において存在せず，さまざまな正解があることを理解しておく必要がある．

3. さまざまな方式は，開発された背景を理解することが重要である

　近年のオペレーティングシステムは，ハードウェアリソース，ソフトウェアリソースの増大とともに高度化している．したがって，オペレーティングシステムの講義内で学習するさまざまな方式は，いまとなっては当たり前の方式であったり，もうすでに使われていない方式もある．しかし，オペレーティングシステムの発展の歴史はハードウェアリソースの発展とともにある．開発者はその時点でのハードウェアリソースの制限とオペレーティングシステムの目標とのバランスを考慮して適切な手法を開発し，その積み重ねで現在用いられている手法が開発されてきた．

　オペレーティングシステムを実装する装置は，現在のパーソナルコンピュータのように膨大なハードウェアリソースを前提としたものばかりではない．たとえば，IoT (Internet of Things)や安価な情報家電はコストに対する要求が高いため，十分なハードウェアリソースを用いることができない場合も少なくない．このため，本書で紹介するさまざまな方式は開発された背景とともに理解する必要がある．それにより，より適切な方式への理解が深まるだけでなく，新しい方式の開発にも役立つだろう．

第2章

CPUの仮想化：プロセス

keywords

プロセス，マルチプログラミング方式，スレッド，割込み，インターバルタイマー，割込みハンドラ，PCB，PSW，コンテキスト切り替え，プロセスの三状態，

　第1章で説明したように，オペレーティングシステムが機能するのに仮想化は必要不可欠である．とくに効率的にプログラムを処理するためにCPUの仮想化は重要となる．そこで，第2章と第3章ではCPUの仮想化について説明する．まず，本章では，プロセスについて，またそのプロセスの処理方法として重要な割込み処理について説明する．

2.1 プロセスとその処理形態

　1.3節で説明したように，オペレーティングシステムは実行中のプログラムに対してリソースを割り当てる．そのリソースを割り当てる対象となる論理的な単位を**プロセス**とよぶ．言い換えると，プロセスは，ユーザの代わりにオペレーティングシステムに対してリソースを要求するとともに，リソースの割り当てを受ける単位と定義することができる．

　コンピュータシステムにおけるCPUリソース，オペレーティングシステム内でのプロセス処理形態は，つぎの三つの段階を経て，高度化されてきた．

① **ユニプロセッサ・ユニプログラミング方式**　　1個のCPUをもつコンピュータ上で，一つのプログラム（プロセス，タスク）の開始から終了まで継続して処理を行う方式である．バッチ処理のみが実現可能である．ユニプロセッサ・ユニプロセス方式，ユニプロセッサ・ユニタスク方式ともよばれる．

② **ユニプロセッサ・マルチプログラミング方式**　　主記憶内に複数のプログラムを格納し，入出力の完了を待ち，もしくはオペレーティングシステムからの命令により実行するプログラムを切り替えて実行する方式である．本書では主にこの処理方式を対象にする．

③ **マルチプロセッサ・マルチプログラミング方式**　　複数個のCPUを備えたコンピュータシステムであり，CPUの個数分だけ同時にプログラムを実行可能な方式である．

　現在では，コンピュータシステム内に，多くのCPUを備えたコンピュータシステ

ムが一般的となった．実行可能なプロセス数よりも多くの CPU を有するコンピュータシステムでは，一つのプロセスに複数の CPU を割り当てることが可能となる．このため，初期のオペレーティングシステムからはプロセスの定義も変化し，複数個の CPU を備えたコンピュータシステム上で実行するオペレーティングシステムでは，プロセスを「CPU 以外のリソースの割り当てを受ける単位」と定義することが多い．

図 2.1 に示すように，CPU リソースは**スレッド**（詳しくは 2.5 節）とよばれる論理的単位で割り当てられる．プロセスは，多数のスレッドを内部に生成させることにより，複数の CPU の獲得が可能となる．プログラムの実行においては，スレッドは一つの命令の流れとしてとらえことができる．複数のスレッドを与えられたプロセスは，プログラムの中に同時実行される複数の実行ポイントが存在する．したがって，もしプログラムに並列性がある場合は，一つのプロセス内で同時に複数の CPU を用いることが可能となる．

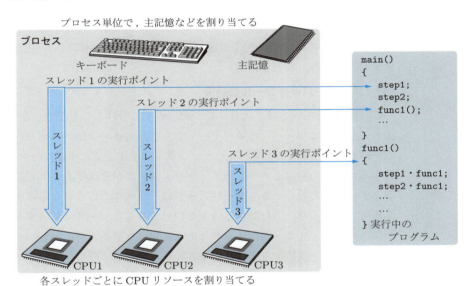

図 2.1 プロセスとスレッド

2.2 割込み

CPU の仮想化は，オペレーティングシステムがプロセスに対して CPU の実行権を微少時間与えることによって行う．与えられた微少時間の間，プロセスは CPU リソースを用いてプログラムを実行し，時間がきたら CPU リソースを解放する．プロセスは，この一連の手続きを繰り返す．この手続きを実行するためには，実行中のプロセスの中断および再開を繰り返し行う操作が必要となる．

コンピュータシステムでは，さまざまな事象が発生する．たとえば，「マウスが移動した」，「ネットワークインターフェースにパケットが届いた」，「キーボードから文字が入力された」，「プログラムを開始した，終了した」などである．これらのコン

ピュータシステム内で観測される，CPU 内での通常の計算処理以外の事象を**イベント**とよぶ．また，コンピュータシステム内には TSS で用いる一定時間ごとに決まったイベントを発生させるために，**インターバルタイマー**とよばれる装置が存在する．

オペレーティングシステムは，イベントが発生すると，そのイベントを処理するためのプログラムを実行する．イベントは，あらかじめ決められたときに起こるだけのものではなく，不定期のタイミングで発生することが多く，イベントによっては，プログラムをただちに実行する必要のある場合も少なくない．このような場合に対応するために，CPU には非常に高速かつ軽量にイベントを処理するプログラムを実行可能な，**割込み処理**とよばれるプログラム実行方式が実装されている．

割込みは，実行中のプログラムが発生原因となる**内部割込み**と，それ以外の要因で発生する**外部割込み**とに大別できる．各割込みはその発生原因などにより，さらに細かく分けることができる．つぎにそれぞれの割込みについて説明する．

2.2.1 内部割込み

内部割込みには，その発生原因によりスーパーバイザコール割込み，プログラムチェック割込み，などがある．

(1) スーパーバイザコール割込み

CPU の実行モードは，大きく二つのモードに分けることができる[1]．図 2.2 に示すように，一つはスーパーバイザモードであり，もう一つはユーザモードである．**スーパーバイザモード**とは，オペレーティングシステムを実行するモードであり，CPU が有するすべての命令とオペレーティングシステムが管理するすべてのリソースを扱うことが可能である．一方，**ユーザモード**は，ユーザの作成した応用プログラムを実行するモードであり，実行できる命令や利用できるリソースに制限がある．

スーパーバイザコール割込みとは，ユーザプログラムがオペレーティングシステムに対して処理を依頼する際に発生する割込みである．なお，ユーザプログラムで用いられるすべての入出力関数(C 言語では，scanf()，printf() など)は，関数内でスーパー

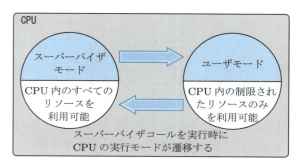

図 2.2　スーパーバイザモードとユーザモードの遷移

---

[1] 現在の PC で主流の CPU アーキテクチャの一つである IA-32 (Intel Core アーキテクチャなどで用いられている)は，ring0, ring1, ring2, ring3 とよばれる四つの実行モードがある．しかし，Windows や Linux などのオペレーティングシステムにおいて，四つの実行モードすべてを使うわけではない．通常，スーパーバイザモード(ring0)と，ユーザモード(ring3)のみを用いることが多い．

バイザコール(システムコールともよぶ)を呼び出すことにより，オペレーティングシステムに対して処理を依頼し，オペレーティングシステムが直接ハードウェアに対して命令を出す．したがって，ユーザプログラムが直接，ハードウェアに対して処理を要求しているわけではない．

(2) プログラムチェック割込み

プログラムチェック割込みとは，実行中のプログラムで異常が起こったとき(たとえば，ゼロによる除算，演算時のオーバーフロー，不正アドレスへのアクセスなど)に発生する割込みである．この割込みを検知することにより，プログラムは実行時の異常に適切に対処することが可能となる．例外割込みとよぶ場合もある．

2.2.2 外部割込み

外部割込みには，入出力割込み，タイマー割込み，マシンチェック割込み，リスタート割込み，などがある．

(1) 入出力割込み

入出力割込みとは，さまざまな入出力装置から発生する割込みである．たとえば，キーボードからの入力時に，スーパーバイザコールなどにより入出力操作が実行された後，その操作が終了した時点で発生する割込み[1]や，オペレーティングシステムが2次記憶装置に書き込みを依頼した場合に，書き込みが終わったときに発生する2次記憶装置からの割込みなどがある．

(2) タイマー割込み

タイマー割込みとは，TSSにおいて，各プロセスに割り当てられたクオンタムの終了時など，時間を制御するインターバルタイマーによる割込みである．

(3) マシンチェック割込み

マシンチェック割込みとは，コンピュータシステム内において，ハードウェアによって通知される異常時(冷却装置の異常，電源装置の異常など)に発生する割込みである．

(4) リスタート割込み

リスタート割込みとは，コンピュータシステムをリスタート(リセット)する際に発生する割込みである．

2.3 割込みによるプロセスの中断と再開

割込みが発生すると，実行中のプロセスが中断され，**割込み処理ルーチン**(**割込みハンドラ，割込み処理プログラム**)が実行される．図2.3に，割込みによるプロセスの中断と再開の手続きを示す．まずプロセスAを実行中とする(状態A)．プロセスAが

---

1) 入出力操作の開始は，オペレーティングシステムに対するユーザからの入出力依頼により，スーパーバイザコール割込みが発生する．

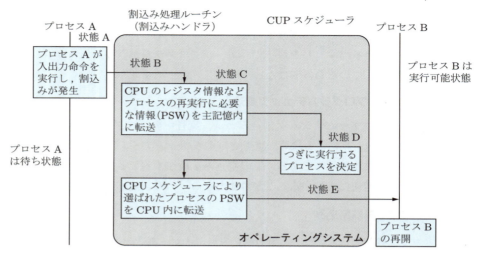

図 2.3 割込み処理によるプロセスの中断と再開の手続き

　入出力処理をオペレーティングシステムに依頼することにより，スーパーバイザコール割込みが発生する（状態 B）．割込みにより，オペレーティングシステムは，割込み処理ルーチンを実行する．なお，通常は割込み処理ルーチンを，主記憶内の固定番地に常駐させることにより，割込み処理時の高速な実行を可能とする．

　割込み処理ルーチンは，プロセスの中断を伴う割込みと判断した場合，既実行プロセス（プロセス A）の再開に必要な情報である，**プログラムカウンタ，スタックレジスタ，汎用レジスタ，割込みマスク**などの各種フラグを，主記憶内の**プロセス制御ブロック**（process control block：**PCB**）領域に転送する（状態 C）．これら CPU 内のプロセスの再開に必要なレジスタ情報を**プログラム状態語**（program status word：**PSW**）とよぶ[1]．PSW が，プロセスの再開に必要な CPU 内のレジスタ情報のみを示すのに対して，PCB 内にはつぎに示す個々のプロセスの実行情報が格納されており，CPU スケジューリング時など，さまざまなプロセス管理に用いられる．

① プロセス識別子　　各プロセスに割り当てられる一連の番号．
② PSW　　中断時に転送された PSW 情報．
③ ユーザ名　　プロセスの所有者．
④ 実行優先度　　プロセスに与えられている実行優先度．
⑤ 既実行時間　　プロセスがすでに CPU リソースを消費した時間．実行優先度とともに，スケジューリングに用いる．
⑥ リソース情報　　プロセスの確保しているリソース情報．

　PSW の待避後，割込み処理ルーチンは，CPU スケジューラを呼び出し，つぎに実行するプロセスを決定する（状態 D）．オペレーティングシステムは，つぎに実行するプロセスの PSW 情報を CPU に転送し，プロセス B を再開させる（状態 E）．これら

---

1) オペレーティングシステムによっては，割込みマスクなどの各種フラグのみを PSW と定義している場合もある．

一連の処理を**コンテキスト切り替え**とよぶ．

割込み処理ルーチン内では，割込みの種類を解析し，その割込みの種類に応じた処理ルーチンを実行する．この際も，割込み処理ルーチンは，あらかじめ処理の内容に応じて，実行する処理の番地をテーブル化(**割込みベクタテーブル**)しておき，処理の高速化を図る．図2.4に割込みベクタの例を示す．バス上の装置は，割込み発生と同時に割込みの種類を示すベクタをシステムバス上に流す．割込み処理ルーチンはメインメモリ上にある割込みベクタテーブルと，システムバス上の割込みベクタ番号から，つぎに実行するアドレスを迅速に決定する．

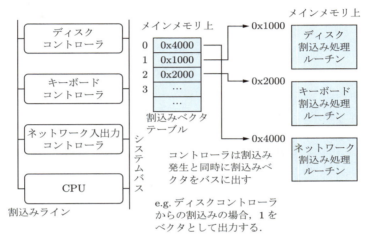

図 2.4　割込みベクタの例

2.4　プロセスの三つの状態

1.2 節で説明したように，1 台の CPU を複数のプロセスで共有するには，時間軸での仮想化が必要となる．したがって，瞬時的には一つのプロセスのみが CPU リソースを占有して，ほかのプロセスは，再開可能な中断状態となる必要がある．つまり，図 2.5 に示すように，実行中のプロセスはオペレーティングシステム内でつぎの三つの状態のいずれかになる．

① **実行状態**(running)　　CPU リソースを含む実行に必要なすべてのリソースが確保され，プロセスを実行している状態．

② **実行可能状態**(ready)　　CPU リソースさえ確保できれば，プロセスを実行可能な状態．

③ **待ち状態**(wait)　　CPU 以外に実行に必要なリソースが確保されていない状態(入出力データ待ちも含む)．

実行中のプロセスはこの三状態を遷移する．それぞれの状態を遷移する条件はつぎのとおりである(a～d は図 2.5 中の遷移方向を表す)．

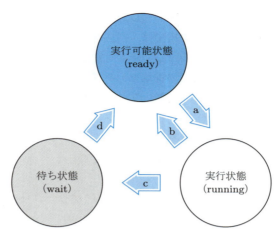

図 2.5 プロセスの三つの状態

a. CPU スケジューラ（ディスパッチャ）によって，CPU リソースが割り当てられたとき．
b. 実行優先度の高いプロセスの割込みや，自プロセスに割り当てられた CPU 利用可能時間（クオンタム）を使いきったとき．
c. プロセスがスーパーバイザコール（入出力命令など）を実行したときや，実行に必要な CPU 以外のリソースを失ったとき．
d. CPU 以外の実行に必要なリソースを確保できた場合や，オペレーティングシステムに実行を依頼したスーパーバイザコール（入出力命令など）が終了したとき．

実行状態のプロセスが，入出力操作（スーパーバイザコール）を行った際に，呼び出し側のプロセスが実行可能状態ではなく，待ち状態に遷移する理由は，入出力操作要求から終了までに必要な時間が CPU の速度に比べて非常に遅いためである．10^{-9} 秒程度（動作周波数 1GHz）で 1 命令が終わる CPU に対して，たとえばハードディスクからのデータの読み出しは，どんなに早くても 10^{-3} 秒程度必要となり，6 桁も実行速度の違うデバイスの終了を待つ必要があることになる．しかし，10^6 個の命令が実行できる時間を無駄にするわけにはいかない．したがって，プログラムで入出力操作要求を行ったプロセスが待ち状態へと移行することは，システムのスループットを向上させるという意味で重要である．

オペレーティングシステムを設計や理解するうえで，各デバイスの実質速度の違いを認識することは非常に重要である．人の反応速度は 10^{-1} 秒程度，ハードディスクの読み書きは 10^{-3} 秒程度，メモリ（主記憶）の読み書きは 10^{-7} 秒程度，CPU が 1 命令を実行する速度は 10^{-9} 秒程度という速度差を覚えておこう．

2.5 スレッド

　オペレーティングシステムからみた場合，プロセスはリソースを割り当てる単位である．しかし，たとえば表計算ソフト内では，計算しながら印刷用のイメージを作成するし，Web ブラウザでは，サーバと通信しながら複数の Web ブラウザ内の位置に画像や文字を描画したりする．つまり，一つのプロセス内で複数の処理を同時に行っている．また，Web サーバ側を考えた場合，一つの Web ブラウザからの要求がくるたびに，プロセスを生成するのでは効率が悪い．Web サーバは，似通った処理をする場合が多いため，新しい通信がきた場合は，CPU のみのリソースを割り当てて，Web ブラウザからの要求に対する処理を行えば，オペレーティングシステム内で効率的な処理を行うことが可能である．

　そこで，2.1 節で示したように，プロセス内に，CPU リソースのみを独立に割り当てるスレッドとよばれる実行形態を生成する．図 2.6 にマルチスレッドでの実行形態を示す．マルチスレッドの場合，各スレッドは，独自にレジスタ群とスタックをもつともに，CPU リソースの割り当て単位となる．そのほか，プロセス内で管理される主記憶，プログラム領域，静的変数領域，動的変数（ヒープ）領域，PSW などが，各スレッド間で共有される．また，ファイル情報もプロセス単位で管理される．

　このような構成の利点は，スレッドの生成が軽量な（早い）ことである[1]．つまり，新しいスレッドの生成時には，主記憶や PSW の確保を必要とせず，スタック領域のみを新規に作成すればよい．高速にスレッド作成が可能な利点としては，たとえば Web サーバの場合，Web ブラウザからの要求がくるたびにスレッドを生成できることなどがある．とくに，複数の CPU をもつシステムや，さらには CPU 内に複数のコア

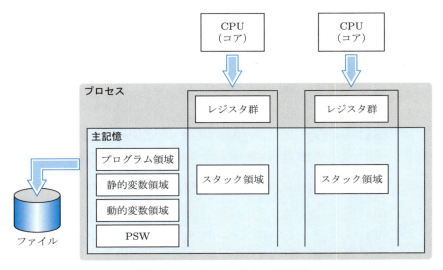

図 2.6　マルチスレッドでの実行形態

---
[1]　スレッドのことを軽量プロセス（light weight process）とよぶこともある．

22　第2章　CPU の仮想化：プロセス

（CPU 内に存在する独立して処理を行うことができる回路単位）をもつ場合は，積極的にスレッドを作成することにより，並列実行が可能となり，実効的な処理速度を向上させることができる[1].

第2章のポイント

1. プロセスの中断，再開は，**割込み**により行う．割込みが発生した場合，オペレーティングシステムは，**割込み処理ルーチン**にただちに処理を切り替える．割込み処理ルーチン内で，まず実行中の PSW を主記憶内に転送し，つぎに CPU スケジューラを起動させ，そして実行するプロセスを選ぶ．最後に，実行するプロセスの PSW を CPU 内に転送することにより，新しいプロセスを再開する．これら一連の処理を**コンテキスト切り替え**とよぶ.

2. オペレーティングシステム内におけるプロセスは，すべての実行に必要なリソースを獲得して実行中の**実行状態**（running），CPU 以外のリソースはすべて獲得して CPU リソースさえ獲得できれば実行可能な**実行可能状態**（ready），CPU 以外のリソースの不足，もしくはほかのプロセスからのデータ待ちの**待ち状態**（wait）の三つの状態で存在する.

演習問題

2.1 つぎの文の括弧を埋めよ（なお，下線部の後は下線部の意味に対応する言葉を書くこと）.
　　オペレーティングシステム内におけるプロセスの状態は，（　①　），（　②　），（　③　）の三つの状態に分けることができる．（　①　）から（　②　）への状態遷移は優先度の高いプロセスの割込みや，CPU スケジューラにより割り当てられた CPU 時間（　④　）を使ったときに起こる.
　　プロセスの実行情報は，主にレジスタ情報が（　⑤　）に，それ以外の実行時間やプロセス名などの情報が（　⑥　）に格納されている．実行中のプロセスが中断された場合，これらの情報を保存しなければならない．この一連の操作を（　⑦　）切り替えとよび，最近の CPU には（　⑤　）を高速に保存するしくみがある.

2.2 割込み時，割込みの種類をベクタとして，割込み処理ルーチンに渡すのはなぜか．また，ベクタとして渡す以外のほかの方法についても考察せよ.

2.3 UNIX オペレーティングシステムの csh で実装されたジョブコントロールについて調べよ.

2.4 オペレーティングシステムを理解するうえで，速度オーダーの理解は重要である．本書が想定する以下の速度を答えよ.
　① CPU の1命令実行

---

1)　14.2 節で取り上げる非同期入出力にもスレッドの利用は有効な手段となる.

② 主記憶から CPU に内容を転送する速度

③ 2 次記憶の読み出し(書き込み)速度

④ 人の反応速度

2.5 実行中のプロセス情報を主記憶に保存する領域として PCB，実行中のプロセスを中断・再開させるための情報として PSW があるが，以下の情報はどちらに保存されている情報か答えよ．なお，PCB の場合は A，PSW の場合は B，どちらにも含まれない場合は C を記入すること．

プロセス識別子(　　　　)　　　　ユーザ名(　　　　)　　　　既実行時間(　　　　)

実行優先度(　　　　)　　　　プログラムカウンタ(　　　　)

割込みマスク(　　　　)　　　　割込みベクターテーブル(　　　　)

割込み処理ルーチン(　　　　)

COLUMN　スマートフォン用オペレーティングシステム

iPhone のオペレーティングシステムである iOS，グーグル社が開発した Android OS は代表的なスマートフォン用オペレーティングシステムである．それらは，たとえばマイクロソフト社の Windows，アップル社の OS-X，Linux とどこが違うのだろうか．実は iOS は UNIX を起源とする OS-X を，Android も同様に UNIX を起源とする Linux を元に作成されている．つまり，もともとの構造は通常のオペレーティングシステムである UNIX と同一である．

一方，スマートフォン用オペレーティングシステムが必要とする機能として以下の機能がある．

① 省電力性能．

② 電話を含む外部通信を受ける機能のための常時起動状態の保持．

③ さまざまなセンサデバイスの接続と利用．

④ 通常のオペレーティングシステムに比べて厳重なセキュリティ基準．

スマートフォン用オペレーティングシステムは，ユーザが現時点で操作していないアプリが使う可能性のあるデバイス（たとえば，GPS，モーションセンサや WiFi ネットワーク）への電力供給を遮断し，必要最低限の電力で動かすことにより，省電力を実現している．さらに，外部光や人の移動を検知して，現時点で必要とされる可能性が低いアプリの動作を止めることも行っている．

さらに常時，外部からの通信要求を受信するために，アプリを実行するプロセッサとは異なる省電力プロセッサの搭載や，通信待ち受け時のみプロセッサの動作周波数を低速化することによっても，省電力を実現している．

常時通信が可能であるため，ウイルスの侵入を受けやすく，また大量の個人情報がスマートフォン内にあるため，外部からの攻撃にあった場合の被害は甚大となる．そこで，オペレーティングシステムを開発したメーカ(アップル社やグーグル社)が，作成されたアプリを事前に確認した後でしか，スマートフォンにインストールできない機能がある．なお，一般にアップル社のほうが厳密な確認を行うが，それでもその確認をすり抜ける危険なアプリも存在する．また，ユーザ側では，アプリがどの情報，

24　第2章　CPU の仮想化：プロセス

デバイスにアクセスできるかの権限を制御することができるため，インストールするアプリが必要以上の権限を要求していないか，十分な確認も必要となる．

なお，使い終わったアプリを，完全に停止させることにより省電力が実現できると誤解しているユーザが多いが，スマートフォン側では高度な省電力機能を有しているため，使っていないアプリを停止することにより削減される電力量は微々たるものである．逆に，アプリを起動する際に必要となる電力量のほうが，ほとんどの場合，アプリを停止して削減できる電力量より多い．

第3章

CPUの仮想化：スケジューリング

keywords

プリエンプション，応答時間，レスポンスタイム，ターンアラウンドタイム，スループット，経験則による設計，静的優先度，動的優先度，スタベーション，エージング

オペレーティングシステムの効率性は，スケジューリングアルゴリズムの良し悪しによって大きく左右される．このため重要となるのが，CPUの仮想化におけるスケジューリングである．本章では，まずスケジューリングの基本とその目的，つぎにさまざまな方式を説明し，その後に各方式の実行例を比較する．最後には，実際に用いられているオペレーティングシステムのスケジューリングを説明する．

3.1 スケジューリングの基本

2.4節で，プロセスの三つの状態について説明した．図3.1は，その三つの状態を示した図2.5をスケジューリングの視点からみた図である．スケジューリングの対象となるCPUリソースを確保して実行状態のプロセス，実行可能状態のプロセスが並ぶ待ち行列，さらに待ち状態のプロセス，の三つの状態のプロセスが存在する．CPUリソースを確保中のプロセスが，CPUリソースを確保できなくなった場合，そのプロセスは待ち行列に並ぶ．また，CPU以外のリソースを確保できなかったプロセス

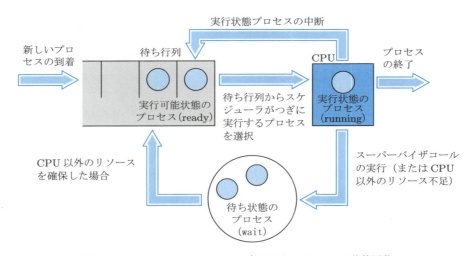

図3.1　オペレーティングシステム内におけるプロセスの状態遷移

26　第3章　CPU の仮想化：スケジューリング

は，待ち状態へと移行する．待ち状態から実行可能状態に移行するときも同様で，ス
ケジューリングアルゴリズムに従って待ち行列に追加される．

　　CPU リソースが空いた場合，CPU スケジューラは待ち行列の先頭にあるプロセス
に対して CPU リソースを与えることが望ましい．なぜなら，対話処理を実現してい
るオペレーティングシステムの場合，CPU スケジューラによる実行プロセスの選択
は，1 秒間に数十から百回程度実行され，これらの選択処理は，実際のプログラムの実
行からみた場合には余計な処理(オーバーヘッド)である．オーバーヘッドの増加はで
きるかぎり避けるべきであり，スケジューリングアルゴリズムの高速化は必須条件と
なる．もし，待ち行列内の任意のプロセスに対してつぎの実行権を与えるスケジュー
リングアルゴリズムであれば，待ち行列中のプロセスの数に比例してスケジューリン
グを行う時間も増加することになる．待ち行列の先頭にあるプロセスを，つぎに CPU
リソースを与える対象とすることは，オーバーヘッドの低下のための合理的な方式で
ある．

　　現在実行中のプロセスの中断方式は，大きくつぎの二つの方式に分けることができ
きる．

　①　**プリエンプション方式**　　オペレーティングシステムが実行中のプロセスの
　　実行権を強制的に取り上げることにより，プロセスを中断させる方式である．こ
　　の方式で実現したマルチタスク(マルチプログラミング)を，**プリエンプティブ
　　なマルチタスク**とよぶ．Windows (XP 以降)，UNIX，MacOS X はこの方式を
　　用いてマルチタスクを実装している．

　②　**ノンプリエンプション方式**　　オペレーティングシステムではなく，実行中
　　のプロセスが自主的に CPU リソースをオペレーティングシステムに戻す方式で
　　ある．この方式で実現したマルチタスクを，**ノンプリエンプティブなマルチタ
　　スク**とよぶ．この方式によるマルチタスクの実装は容易であるが，もしプログ
　　ラムの暴走などにより，プロセスからオペレーティングシステムへの自発的な
　　CPU リソースの返還がない場合は，システムの停止に繋がる．Windows 95 や
　　MacOS 9 はこの方式を用いてマルチタスクを実装している．

3.2　スケジューリングの目的

　　オペレーティングシステムは，その役割の一つにリソースの効率的な利用がある．
CPU リソースは，時分割により仮想化されるため，効率性の向上は，CPU スケジュー
リングアルゴリズムの良し悪しによって実現できるかどうかが決まる．一般に，オペ
レーティングシステムは利用される環境で効率化の目標が異なり，バッチ処理が優先
される場合と対話処理が優先される場合とでは，おのずと選択されるスケジューリン
グアルゴリズムも異なる．

　　スケジューリングアルゴリズムの効率化の指標は，つぎの応答時間とスループット
の二つの尺度に大別できる．

3.3 さまざまなスケジューリング方式　　27

① **応答時間**　　その定義は，対象処理がバッチ処理か対話処理かどうかで異な
る．バッチ処理の場合は，ジョブを投入してから結果を受け取るまでの時間と
定義され，**ターンアラウンドタイム**ともよばれる．また，対話処理の場合，端末
から命令を入力した後に，コンピュータシステムから結果を受け取るまでの時
間と定義され，**レスポンスタイム**ともよばれる．

② **スループット**　　単位時間に行われるユーザに有益な仕事量のことである．
ただし，プロセスを切り替えるときのオーバーヘッドなど，ユーザの仕事に直
接関係しない仕事は仕事量には含まれない．

応答時間とスループットは相反することもある．たとえば，レスポンスタイムを向
上させるためには，対話処理を実行するプロセスに，非常に短い間隔で CPU リソー
スを与えるようなスケジューリングアルゴリズムが有効である．しかし，このように
クオンタムの非常に小さいスケジューリング手法をスループットの面からみた場合，
頻繁なプロセスの切り替え操作はオーバーヘッドの増加に繋がる．結果として，プロ
セス切り替えのオーバーヘッドにより，コンピュータシステムのスループットが低下
することになる．

一方，スループットを向上させるためには，入出力操作やコンテキスト切り替えな
ど，オーバーヘッドの対象となるような操作をできるかぎり排除し，計算処理そのも
のに CPU リソースを用いることが有効となる．

3.3　さまざまなスケジューリング方式

スケジューリングには，その目的に合わせてさまざまな方式がある．ここでは，代
表的かつ基本的なスケジューリング方式について説明する．スケジューリングの目的
は多様なので，実際のオペレーティングシステムでは複数の方式を組み合わせて用い
る場合も多い．

3.3.1　到着順スケジューリング

もっとも単純なスケジューリング方式が**到着順スケジューリング**（first come first
served scheduling：FCFS, first in first out scheduling：FIFO）である．人間社会に
おいても，一般の行列で普通に行われているスケジューリングであり，最初に並んだ
プロセスが，最初に CPU リソースを獲得することができる．図 3.2 に概略図を示す．
新しく到着したプロセスは，待ち行列の最後尾に追加される．CPU リソースを獲得し
たプロセスは，そのプロセスが終了するまで CPU リソースを占有して実行し続ける．

この方式の特徴として，公平さと単純さがある．早く並んだプロセスが早く実行さ
れるという方式は，非常に公平であり，かつスケジューリングアルゴリズムの実装も
非常に容易である．

一方，スケジューリング性能の面では，必ずしも優れているとは限らない．たとえ
ば，処理時間をそれぞれ 1 秒，1 秒，1 秒，100 秒必要とする四つのプロセスが，この
順番で，ほぼ同時に到着した場合と，逆の順番でほぼ同時に到着した場合を考えると

図 3.2 到着順スケジューリング

わかりやすい．前者の場合は，それぞれのターンアラウンドタイムは，1秒，2秒，3秒，103秒であり，平均は 27.25 秒となる．一方，逆の到着順ではそれぞれのターンアラウンドタイムは 100 秒，101 秒，102 秒，103 秒となり，平均は 101.5 秒となる．つまり，ほぼ同時に到着した四つのプロセスのターンアラウンドタイムが，実行順により約 4 倍の差がつくことになるわけである．

3.3.2 処理時間順スケジューリング

到着順スケジューリングでは，処理時間の異なる複数のプロセスの実行順でターンアラウンドタイムの劇的な増減があった．この理由は，スケジューリングに各プロセスの処理時間を考慮していなかったためである．プロセスの処理時間を考慮し，プロセスの処理時間の少ないプロセスから順に CPU リソースを獲得できるスケジューリングアルゴリズムが**処理時間順スケジューリング**（shortest processing time first scheduling：**SPT**）である．この方式は，理論上応答時間を最短にするスケジューリング方式である[1]．

図 3.3 に処理時間順スケジューリングの概略図を示す．待ち行列中のプロセスは処理時間順にソートされており，新しく到着したプロセスは処理時間順で並んだ待ち行列中の適切な位置に挿入される．

処理時間順スケジューリングの拡張として，現在実行中のプロセスの残り処理時間よりも，短い処理時間をもつプロセスが到着した場合，実行中のプロセスの CPU リ

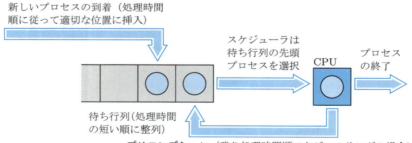

図 3.3 処理時間順スケジューリング，残り処理時間順スケジューリング

---

1) 待ち行列理論により，プロセスの到着分布や処理時間分布がランダムである場合に導出される．

ソースを強制的に取り上げ(**プリエンプション**),残り処理時間の短いプロセスを実行するスケジューリング方式がある.この方式を**残り処理時間順スケジューリング**(shortest remaining time first scheduling:**SRT**)とよぶ.

処理時間順スケジューリングや残り処理時間順スケジューリングは,理論上応答時間を最小にするスケジューリング方式であるが,この方式を実装することは不可能である.なぜなら,あらかじめプロセスの処理時間を知ることは不可能であるからである[1]).

このように理想的な設計ができない場合,オペレーティングシステムの設計では**経験則**(ヒューリスティックス)からくる近似を設計方針に用いることが一般的である.オペレーティングシステム内では,数十から数千に及ぶプロセスが非同期[2]),かつ自律的に動作し,また扱うリソースの数,動作速度,特性など,設計時に考慮しなければならないパラメータは多種多様であり,解析的に厳密な解が得られるものは少ない.したがって,経験則による近似解の導出,近似モデルの構築は,オペレーティングシステム設計時の重要な指針となる.

プロセスの処理時間を推定する場合も,経験則を用いられる.主に対話処理を処理対象とするシステムのプロセスの処理時間と,プロセスの発生頻度の経験的に得られた関係を図3.4に示す.図に示すグラフからは,大きく二つのことを読み取ることができる.

① 対話処理中心のシステムの場合,ほとんどのプロセスは短時間で終了する.
② グラフ中,山を越えてから,なだらかにしか頻度が下がらないことからわかるように,実行後短時間で終了しないプロセスは,その後なかなか終了しない.つまり,長時間実行中のプロセスはまだ続く可能性が高い.

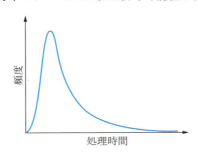

図 3.4 プロセスが必要とする処理時間の経験的な分布

各プロセスの処理時間をあらかじめ知ることは困難なものの,すでに実行した時間(既実行時間)とプロセス本来の処理時間は,比例関係にあると近似することが可能である.したがって,既実行時間が長いプロセスは,そのプロセスの終了までの総実行

---

1) バッチ処理の場合はあらかじめ JCL 内にプロセスが必要とする処理時間の最大値を記述し,スケジューリングの際に利用する場合が多い.
2) 二つ以上のプロセスが,相手の状態を考慮しながら自分の動作を決定する実行方法を**同期処理**とよぶ.オペレーティングシステム内ではたくさんのプロセスが,互いにほかのプロセスの状態を考えることなく動作している.なお,複数のプロセスが同期して仕事(たとえば通信など)を行う場合の処理方法は,第4章以後の並行プロセスで説明する.

30　第3章　CPU の仮想化：スケジューリング

時間も長いと考え，CPU リソースを割り当てる割合を少なくすれば，近似的に処理時間順スケジューリングを実現できる．

　また，プロセスの処理時間が比較的推測しやすい処理に入出力処理がある．ほとんどの入出力処理は経験的に短時間で終わることがわかっているため，入出力処理を実行中のプロセスに対して，CPU リソースを割り当てる割合を高くすることにより，近似的に処理時間順スケジューリングを適用したことになり，応答時間を減らすことが可能となる．

3.3.3　優先度順スケジューリング

　処理時間順スケジューリングで説明したように，各プロセスに CPU リソースを割り当てる割合を表すパラメータをスケジューリングに導入することが有効である．このパラメータを**優先度**(priority)とよび，それに従って行うのが**優先度順スケジューリング**(priority scheduling：PS)である．優先度はつぎの二つに大別できる．

　　① **静的優先度**(static priority)　　プロセスの生成時にあらかじめ指定した優先度によってプロセスの終了までスケジューリングを行う．
　　② **動的優先度**(dynamic priority)　　プロセスの実行中に優先度を変化させてスケジューリングを行う．

　静的優先度を使った優先度スケジューリングの一例として，実行するプロセスの種類に応じて静的優先度を割り当てる方式がある．代表的な例として，リアルタイムプロセス，オペレーティングシステム，対話型プロセス，バッチ処理の順に高い優先度を割り当てる方式がある．

　処理を完了するまでの時間が保証されているリアルタイムプロセスに，一番高い優先度を与え，つぎにコンピュータシステムの性能のキーとなるオペレーティングシステム部分，そのつぎにユーザが対話的にプログラムの実行をコントロールする必要のある対話型プロセスの優先度を高くする．一番優先度が低いプロセスの種類は，バッチ処理である．バッチ処理は，プロセスコントロール情報である JCL，プログラム，データをすべて含み，対話処理なしに実行されるジョブであるため，一般的には必ずしも高い優先度は必要ない．

　なお，優先度を用いたスケジューリングでは，システムの負荷が大きいときに優先度の低いプロセスはなかなか CPU リソースが回ってこないという欠点がある．このような状態を**飢餓状態**(**スタベーション**：starvation)とよぶ．スタベーションの解決には，プロセスの待ち時間に応じて，優先度を変化させる**エージング**(aging)方式による動的優先度スケジューリングを用いることが多い．

　そのほか，動的優先度の適用例としては，プロセスの既実行時間によって優先度を変更する方式や，入出力操作が終了した直後のプロセスの優先度を上げる方式などがある．

3.3.4 ラウンドロビンスケジューリング

オペレーティングシステムが，待ち行列の先頭のプロセスに q 秒の CPU 利用可能時間（クオンタム）を割り当て，プロセスが割り当てられたクオンタムを使い果たした時点で，オペレーティングシステム内の CPU スケジューラの割込みにより，実行中のプロセスを中断（プリエンプション）させ，待ち行列の末尾に加える方式が**ラウンドロビンスケジューリング**（round robin scheduling：**RR**）である（図3.5）．通常，TSS の場合，10^{-3} 秒程度の単位のクオンタムが割り当てられることが多い．

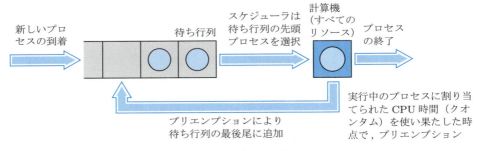

図 3.5　ラウンドロビンスケジューリング

一般に，クオンタムの長さを変化させることにより，ラウンドロビンスケジューリングではスケジューリングの性質が変化する．q が無限大の場合は，ラウンドロビンスケジューリングは FCFS となる．また q が短くなるに従い，すべてのプロセスに CPU リソースが割り当てられる間隔が短くなるため，一般に処理時間の短いプログラムが有利になる．

理論上の話であるが，q が無限小の場合を，**プロセッサ等分割方式**とよぶ．この場合では，実行可能なプロセスが N 個存在した場合，それぞれ $1/N$ の処理能力を有する仮想的な CPU が N 個存在すると考えることができ，それぞれのプロセスの処理時間は，本来の各々のプロセスの処理に必要な処理時間に比例すると考えることができる．

3.3.5 多重レベルフィードバックスケジューリング

1965 年にマサチューセッツ工科大学の MULTICS プロジェクトで開発された TSS 用のスケジューリングアルゴリズムが**多重レベルフィードバックスケジューリング**（multilevel feedback scheduling：**MLF**）である．図3.6 に概略を示す．このスケジューリングアルゴリズムは，複数の待ち行列（レベル 0, 1, ..., n）をもち，それぞれの待ち行列レベル i に応じた優先度 P_i が割り当てられる．新しく到着したプロセスは，優先度 P_0 の待ち行列の最後尾に追加される．待ち行列の優先度は $P_0 > P_1 > P_2 > \cdots > P_n$ の関係がある．いったん CPU リソースを獲得したプロセスが，与えられたクオンタムを使い切り，オペレーティングシステムによりプリエンプションが起こった場合，そのプロセスは現状の優先度から一つ低い優先度の待ち行列の最後尾に追加される．

レベル i の待ち行列中のプロセスは，それより優先度の高い待ち行列がすべて空の場合のみ，CPU リソースを与えられる．また，図中の $Q_0, Q_1, \ldots$ は，それぞれの待ち

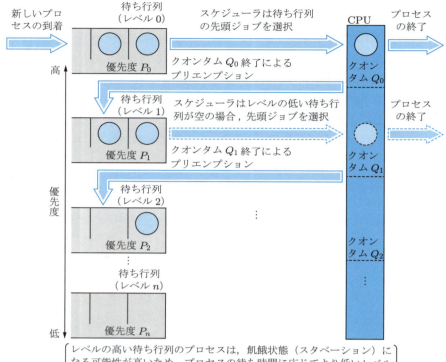

図 3.6 多重レベルフィードバックスケジューリング

行列に並んだプロセスに与えられるクオンタムである．通常の実装では $Q_0 = Q_1 = Q_2 = \cdots = Q_n$ であるが，システムの特性に合わせて $Q_0 \leqq Q_1 \leqq Q_2 \leqq \cdots \leqq Q_n$ とすることも可能である．

　この方式は近似であるが，非常に低コストで SPT を実現できる実装方式である．通常の FCFS に比べて，複数の待ち行列を用意するだけで，近似 SPT の実装が可能となる非常に優れた方法であり，この方法にさらに改良を加えたスケジューリング方式が，対話処理中心のオペレーティングシステムのスケジューリングとして現在でも用いられている場合が多い．なお，本方式も，優先度スケジューリングと同様，スタベーションの問題があり，実装時には，何らかのエージング手法を併用する場合が多い．

3.4 スケジューリングアルゴリズムの実行例

　ここでは，3.3 節で説明したスケジューリング方式のアルゴリズムの実行例を示す．なお，これらはあくまでも各スケジューリング方式のアルゴリズムの理解を助ける一例であり，それぞれのスケジューリング方式のアルゴリズムの本質を示しているわけではないことに注意してほしい．表 3.1 に三つのプロセスの処理時間と，プロセスがオペレーティングシステムに到着し，待ち行列に追加された時刻を示す．本節では，この表に示した場合で各スケジューリングを考えていく．

表 3.1 プロセスの到着時刻と処理時間

プロセス名	処理時間 [秒]	到着時刻 [秒]
A	10	0
B	20	2
C	5	7

3.4.1 到着順スケジューリング（FCFS，FIFO）

図 3.7 に，到着順スケジューリング方式でスケジューリングを行った場合の，それぞれのプロセスの到着時刻，処理開始時刻，処理終了時刻を示す．各プロセスのターンアラウンドタイムはそれぞれ，10 秒，28 秒，28 秒となり，平均は 22.0 秒である．

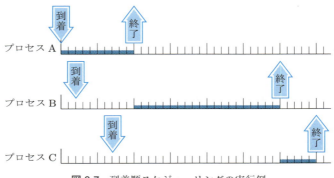

図 3.7　到着順スケジューリングの実行例

3.4.2 残り処理時間順スケジューリング（SRT）

表 3.1 のプロセス処理時間と到着時刻で，残り処理時間順スケジューリングを行った結果について図 3.8 に示す．表 3.1 に示したプロセスの到着時刻と処理時間を残り処理時間順スケジューリングに適用した場合，各プロセスのターンアラウンドタイムはそれぞれ，10 秒，33 秒，8 秒となり，平均は 17.0 秒となる．あくまで一例ではあるが，SRTF がターンアラウンドタイムの最短となるアルゴリズムであることを確認できる．

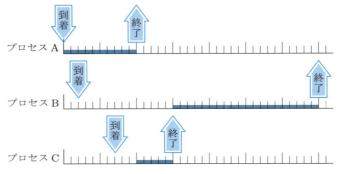

図 3.8　残り処理時間順スケジューリングの実行例 1

プロセス C の到着時刻が開始 7 秒後ではなく，4 秒後であったときには，図 3.9 に示すように，プロセス A のプロセス C 投入時の残り処理時間が 6 秒であるため，プロセス A が中断され，プロセス C が実行される．この場合，各プロセスのターンアラウンドタイムはそれぞれ，15 秒，33 秒，5 秒となり，平均は 17.7 秒となる．

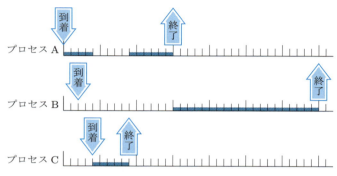

図 3.9　残り処理時間順スケジューリングの実行例 2

3.4.3　ラウンドロビンスケジューリング (RR)

クオンタム 1 秒でのラウンドロビンスケジューリングを行った際の，各プロセスへの CPU リソースの割り当て状況と，処理開始，処理終了時刻を図 3.10 に示す．また，新たなプロセスの到着と，プリエンプションされたプロセスの待ち行列への戻りが同時に発生した場合は，新しいプロセスを優先させるものとした．

表 3.1 に示したプロセスの到着時刻と処理時間をラウンドロビンスケジューリングに適用した場合，各プロセスのターンアラウンドタイムはそれぞれ，23 秒，33 秒，14 秒となり，平均は 23.3 秒となる．到着順スケジューリングに比べて，ラウンドロビンスケジューリングは処理時間の短いプロセスに相対的に有利であることを確認できる．

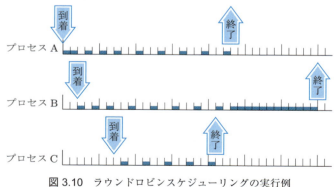

図 3.10　ラウンドロビンスケジューリングの実行例

3.5 事例：UNIX におけるスケジューリング

ここでは，実際のオペレーティングシステムにおいて行われているスケジューリングを紹介する．

3.5.1 UNIX SYSTEM V におけるスケジューリング

UNIX SYSTEM V（以下 UNIX）では，MULTICS プロジェクトで開発された多重レベルフィードバックスケジューリングを基本としたスケジューリングが採用されている．つぎに MULTICS で用いられたスケジューリング方式との違いを示す．

① ある優先度レベルで実行の終わったプロセスは，つぎに優先順の低い待ち行列に追加されるのではなく，プロセスの実行前と同じ優先順の待ち行列に再度追加される．

② 実行するプロセスの優先度を，スーパーバイザモードとユーザモードに分けて設定する．さらに，スーパーバイザモードで実行するプロセスの優先度を，プリエンプションの原因により決定する．

③ ユーザモードで実行するプロセスの優先度は，プロセスがもつ固有の静的優先度，各プロセスの過去の CPU リソース割り当て状況から計算される動的優先度，実行時にユーザが設定する優先度（$NICE$ 値）から算出する．優先度が変化した場合，プロセスは現在の待ち行列から，新しい優先度の待ち行列に移動する．

図 3.11 に UNIX におけるスケジューリングの概略図を示す[1]．スーパーバイザモードで実行する権限を有するプロセスは，プリエンプションの原因に応じた優先度の待ち行列に追加される．仮想記憶管理（第 11 章参照），ディスク入出力完了待ち，バッファ確保待ち，ディスク管理領域確保待ち（inode については第 14 章参照）の優先度は高く，かつこれら実行中のプロセスのプリエンプションは禁止される．仮想記憶管理プロセスの実行は，オペレーティングシステムの性能向上のためには非常に重要であり，優先度は最大に設定される．

また，ディスク入出力待ちのプロセスの優先度が高い理由は，これらのプロセスはすでに入出力のためのバッファ領域や，そのほかに入出力に必要なリソースを確保している可能性が高く，CPU リソースを早く割り当て，できるかぎり早期にプロセスを終了させるほうが，ほかのプロセスの必要とするリソースを早く解放できるためである．低速度の入出力であるキーボード，または画面への入出力待ちのプロセスの優先度は，スーパーバイザモードにおける実行中のプロセスの中では相対的に低い．

ユーザモードで実行されるプロセスの優先度値は，次式を用いてプロセスの実行中に動的に変更される．

$$\text{プロセスの優先度値} = P\_USER + P\_CPU + NICE \tag{3.1}$$

静的優先度を示す P_USER は，ユーザモードで実行する場合，図 3.11 中に示す

---

1) なお，図中や以後の式に出てくる定数値は，さまざまな UNIX の実装により異なる．

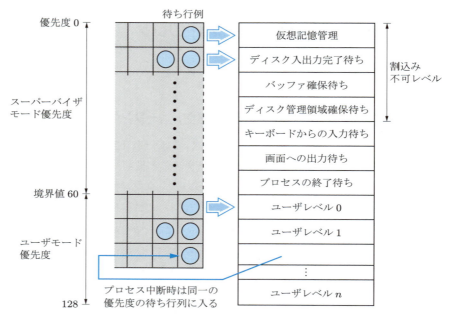

図 3.11 UNIX SYSTEM V における多重レベルフィードバックスケジューリング

境界値(通常 60)に設定される．ユーザモードで実行するプロセスにこれ以上高い優先度を設定することはできない．第 3 項の $NICE$ 値は，一般ユーザがプロセスの優先度を明示的に下げるために，実行時に設定する値である[1]．たとえば，あるユーザが実行したいプロセスが長時間 CPU リソースを必要とするプロセスである場合，(ほかのユーザの迷惑を自主的に考慮して)優先的な CPU リソースの割り当てを望まないことが考えられる．この場合，ユーザが明示的に大きな $NICE$ 値を設定することにより，プロセスの優先度を下げることができる．

P_CPU 値は，プロセスが過去一定時間内にどれだけ CPU を割り当てられたかを表す $LOAD$ 値(負荷値)と，過去の P_CPU_{n-1} 値とからつぎの式で算出される．

$$P\_CPU_n = \frac{P\_CPU_{n-1}}{2} + \frac{LOAD_{n-1}}{2} \tag{3.2}$$

過去一定期間にプロセスに多くの CPU リソースが割り当てられた場合，P_CPU の値は増加する．したがって，プロセスの優先度は低下する(優先度値は増加する)．通常，プロセスの総実行時間に比べて，上式の P_CPU 値や $LOAD$ 値を更新する間隔は十分に短い．したがって，短い間隔の $LOAD$ 値のみで優先度を決定した場合，優先度の変動が必要以上に大きくなる可能性がある．そこで，過去の P_CPU 値と $LOAD$ 値をある割合で結合し，長期間の負荷傾向を考慮した P_CPU 値を用いる．図 3.12 に，時刻 4 から 5，7 から 8 にあるプロセスにすべての CPU リソースが割り当てられたと仮定した場合の，$LOAD$ 値の変化と P_CPU 値の変化を示す．$LOAD$ 値は，直前の CPU 割り当て状況だけで算出されるため，変動が大きい．しかし，P_CPU 値

---

[1] UNIX のコマンド nice 参照．

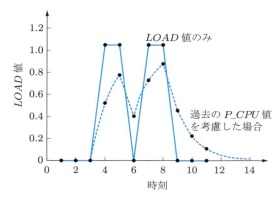

図 3.12　負荷変動と P_CPU 値の変化

は過去の履歴も考慮するため，変動が緩やかである．プロセスに割り当てられる CPU リソースは，スーパーバイザコールなどによるプロセスの停止などにより，変動が大きい．直前の $LOAD$ 値のみを用いるよりも，負荷のトレンドによりスケジューリングを行う方式は，より効率的であることが経験的にわかっている．

3.5.2　Linux 2.6 以降におけるスケジューリング

つぎに Linux 2.6 以降におけるスケジューリングアルゴリズムについて示す．

Linux 2.5 以前のスケジューリングアルゴリズムは，CPU リソースの空いた時点で，実行可能なプロセスのリストをすべて探索し，リスト中でつぎに CPU リソースを獲得するプロセスを毎回決定するという非常に単純な方式を採用していた．したがって，Linux 2.5 以前のスケジューリング手法では，CPU リソースを待っているプロセスが多ければ多いほど，つぎに CPU リソースを獲得するプロセスを決定する時間が多く必要になるという欠点があった．

Linux 2.6 で採用されたスケジューリングアルゴリズムは **O (1) スケジューリング**とよばれ，CPU リソースを獲得するために，待ち行列に並んでいるプロセスの数が変化しても一定時間でつぎに実行するプロセスを決定できるスケジューリングアルゴリズムである．さらに Linux 2.6 では，複数の CPU を有するシステムへの対応も行った．

図 3.13 に Linux 2.6 でのスケジューリングアルゴリズムの概略を示す．Linux2.6 では複数の CPU に対応するため，CPU ごとに CPU スケジューラをもつ．各 CPU の負荷が均一である場合，ある CPU 上での実行を待っているプロセスが，ほかの CPU の待ち行列に移動することはない．各 CPU の負荷にアンバランスが発生したときは，待ち行列内のプロセスを移動させることにより，CPU ごとの負荷を均一化する．

各 CPU スケジューラ内には，アクティブ (active) 待ち行列，エキスパイヤード (expired) 待ち行列とよぶ二つの待ち行列がある．二つの待ち行列は同一構造をもち，優先度順に並べられた実行待ち行列リスト構造へのポインタをもつ．CPU リソースが空いた場合，各 CPU 上のスケジューラは，アクティブ待ち行列に並んでいるプロセスの中で，もっとも優先度の高い待ち行列に並んでいる先頭のプロセスに対して実行権を与える．

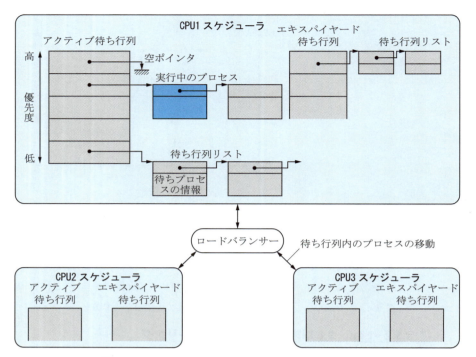

図 3.13 Linux 2.6 以降における O (1) スケジューリング

　実行中のプロセスがプリエンプションにより中断した時点で，アクティブもしくはエキスパイヤードのどちらの待ち行列に追加されるかは，プリエンプション時の状況によって異なる．もし，スーパーバイザコール割込みによるプリエンプションなど，プロセスに割り当てられたクオンタムが残っている状態での中断の場合は，アクティブ待ち行列に追加される．また，クオンタムが終了したことによるプリエンプション時にはエキスパイヤード待ち行列に追加される．つまり，プロセスは自身のプロセスに与えられたクオンタムだけは優先して CPU リソースが与えられることになる．

　アクティブ待ち行列に並んでいるプロセスがまったく存在しない状況になった時点で，スケジューラはアクティブとエキスパイヤードの待ち行列を入れ替え（名前を変更），新しくアクティブとなった待ち行列を用いてスケジューリングを行う．

　なお，Linux 2.6 からは，カーネル内で実行中のスーパーバイザコールもプリエンプション可能となった．Linux 2.5 以前はカーネル内で実行中のスーパーバイザコールは，プリエンプション不可能であったため，CPU の割り当て操作は，スーパーバイザコールの終了を待つ必要があった．Linux 2.6 からは終了を待つことなくスケジューリングが可能となり，オペレーティングシステムのレスポンスタイムが向上した．

演習問題　　39

第3章のポイント

1. CPU スケジューリングには，到着順スケジューリング，処理時間順スケジューリング，優先度順スケジューリング，ラウンドロビンスケジューリング，多重レベルフィードバックスケジューリングなどの方式があり，オペレーティングシステムが用いられる環境によってさまざまなスケジューリングが適用されている．スケジューリング自体，1秒間に数十から数百回行う処理であり，スケジューリングの効率とともに，高速性も同時に要求される．

2. 処理時間順スケジューリングは，理論上応答時間を最小にすることが知られている．しかし，プロセスの処理時間を，実行前に知ることは不可能である．そこで，既実行時間の少ないプロセスは，処理時間も少ないという経験的な法則を用い，近似的な処理時間順スケジューリングが用いられる．

3. 優先度には，プロセスの生成時に決まる**静的優先度**と，実行中に変化する**動的優先度**がある．通常の対話処理では，この二つの優先度を用いてスケジューリングする場合が多い．優先度スケジューリング時には，スタベーションの問題を解決するためにエージングが併用されることが多い．

演習問題

3.1 つぎの文の括弧を埋めよ（なお，下線部の後では下線部の意味に対応する言葉を書くこと）．

プロセスのスケジューリング手法の一例として，残り処理時間順(SPT)スケジューリングがある．これは処理時間の短いプロセスから順に実行する方式であり，理論上は応答時間を最小にすることができる．この方式ではあるプロセスが実行中でも，より処理時間の短いプロセスが入ってきた場合には，実行中のプロセスはオペレーティングシステムにより中断（　①　）される．

優先度スケジューリングにおいては，優先度の低いプロセスになかなか実行権が回ってこない場合がある．この現象を（　②　）とよび，通常（　③　）を併用することにより回避する．

3.2 リアルタイム処理に用いられるデッドラインスケジューリングについて調べよ．

3.3 プリエンプティブなマルチタスクオペレーティングシステム上で実行されるプロセスについて，つぎの問いに答えよ．

(1) このシステムで実行される平均的なプロセスは，入出力命令を T 時間間隔で実行し，プロセスの切り替えには S 時間のオーバーヘッドを必要とするものとする．ラウンドロビンスケジューリングのクオンタムを Q とした場合，Q がつぎの場合の CPU 利用効率（プロセスの実行に CPU 時間が用いられる割合）を求めよ．なお，システム内に存在するプロセス数 n は無限大と考える．また，プロセスの中断は，入出力命令の実行，および割り当てられたクオンタムを使いきったときのみとする（条件 $S \leq T$ が成り立つ前提）．

40 第3章 CPUの仮想化：スケジューリング

  ① $Q = \infty$ ② $Q > T$ ③ $S < Q < T$ ④ $S = Q$

(2) 上記以外に実行中のプロセスが中断する場合を二つ挙げて，それぞれを50字程度で説明せよ．

3.4 表3.2に三つのプロセスの処理時間と，プロセスがオペレーティングシステムに到着して待ち行列に追加された時刻を示す．つぎの問いに答えよ．

表3.2　プロセスの到着時刻と処理時間

プロセス名	処理時間 [秒]	到着時刻 [秒]
A	15	0
B	10	5
C	5	8

(1) 到着順スケジューリングを用いた場合の，それぞれのプロセスのターンアラウンドタイムとその平均を求めよ．

(2) ラウンドロビンスケジューリング（クオンタムは1秒とする）を用いた場合の，それぞれのプロセスのターンアラウンドタイムとその平均を求めよ．

(3) 処理時間順スケジューリングを用いた場合の，それぞれのプロセスのターンアラウンドタイムとその平均を求めよ．

第4章

並行プロセス：排他制御基礎

keywords

クリティカルセクション，排他制御(MUTEX)，ハンドシェイク，デッドロック，Dekker
のアルゴリズム，アトミック命令，テストアンドセット命令

　第2，3章で説明したCPUリソースの仮想化により，複数のプロセスが同時に実行
可能になる．この並行プロセスをうまくやりくりするにはどのようにすればよいだろ
うか．そこで，第4章から第6章までは並行プロセスについて説明する．まず，本章
では，CPUの仮想化により起こるプロセスに関する問題を説明し，つぎにその問題
を解決するための排他制御について説明する．

4.1 プロセスの競合，協調，干渉

　CPUリソースの仮想化により，オペレーティングシステム内では，複数のプロセス
が同時に実行される．同時実行されることにより，有限のリソースを取り合うなど，
プロセスの実行に際してさまざまな問題が発生する．プロセスの同時実行により解決
しなければならない問題は，大きくつぎの三つに分けることができる．

① **プロセス競合**　　複数のプロセスで有限な数（量）のリソースを取り合う状態
　　である．この場合，複数のプロセスに適切な量のリソースを割り当てる必要が
　　ある．

② **プロセス協調**　　複数のプロセスが一つの目的の遂行に向かって互いに助け
　　合う処理を行うことである．たとえば，Webページを閲覧する際にWebサー
　　バとWebブラウザがネットワークを介してデータをやりとりする場合に相当す
　　る．それぞれのプロセスは独立に動作しているため，これらのプロセスの同期
　　を取ることが問題となる．

③ **プロセス干渉**　　ほかのプロセスの実行の影響を受けて，現在実行中のプロ
　　セスに異常が発生する状態である．たとえば，自分に割り当てられたメモリ領
　　域以外に書き込みを行うバグがあるプログラムを実行することにより，そのプ
　　ロセスとは無関係なプログラムの実行結果に異常が発生する場合に相当する．

　プロセス干渉の発生は，主にプログラムのバグによるものである．ほかのプロセス
からメモリへの意図しない書き込みに対する保護については，第7～12章の主記憶管
理で説明する．ここでは，プロセス競合とプロセス協調に関して具体的な例を示して
説明する．

4.1.1 プロセス競合

二つのプロセスが，システム内に有限個存在する共有リソース（たとえば磁気テープ（magnetic tape：MT）装置）を利用することを想定する．空き磁気テープの数は，オペレーティングシステム内に存在するすべてのプロセスから，読み書き可能な共有変数NUMで管理されているものとする．各プロセスは，磁気テープ利用時に，空き磁気テープの数が格納されている変数値を1減らし，磁気テープ利用が終了した際に，空き磁気テープの数が格納されている変数値を1増加させることにより，管理を行う[1]．

図4.1にこの処理を実現するためのプログラムを示す．図に示すプログラムは，CPUの動作を直接的に示すために，アセンブリ言語[2]で記述する．

行	int NUM= 磁気テープ装置の数		行
A1	LOAD NUM, R	LOAD NUM, R	B1
A2	DEC R, 1	DEC R, 1	B2
A3	STORE NUM, R	STORE NUM, R	B3
	テープの利用	テープの利用	
A4	LOAD NUM, R	LOAD NUM, R	B4
A5	INC R, 1	INC R, 1	B5
A6	STORE NUM, R	STORE NUM, R	B6

プロセスA　　　　　　　　プロセスB
二つのプロセスA，Bがテープ装置を獲得

```
R       レジスタ
INC    R,1    (R)<=(R)+1    レジスタRの内容を1増加
DEC    R,1    (R)<=(R)-1    レジスタRの内容を1減少
LOAD   NUM,R  (R)<=NUM      主記憶上にある変数NUMの値をレジスタに転送
STORE  NUM,R  NUM<=(R)      レジスタRの内容を主記憶上の変数NUMに転送
```

図4.1　磁気テープ（MT）装置確保のプログラム例

プロセスA，プロセスBとも，テープを利用する前に，主記憶上の共有変数NUMを，レジスタRに転送し（A1，B1行目），レジスタRの内容を1減らし（A2，B2行目），レジスタRの内容を共有変数NUMに転送（A3，B3行目）することによって，空き磁気テープの数NUMを1減らす操作が終了し，実際に磁気テープを用いた処理が行われる．テープを用いた処理が終わった際には，同様の操作で空き磁気テープの数NUMを1増加させる．

プロセスA，プロセスBともシステム内で独立に動作している．しかし，実際はCPUリソースを時分割で共有しているにすぎない．つまり，ある命令を実行後に割込みによるプリエンプションが発生し，プロセスAとプロセスB間でのコンテキスト切り替えが起こると考えることが一般的である．なお，一般のCPUの場合，実行の最小単位であるマシン語（アセンブリ言語レベルで1行に相当）を実行中にプリエンプションが発生することはなく，あるマシン語命令の実行とつぎのマシン語の実行の間にのみ，プリエンプションが発生する．

まず，図4.2（a）の実行順1の流れを考える．プロセスAがステップ1，2，3でそ

1）　実際には，利用時に空き磁気テープの数が0でないかをチェックする必要がある．
2）　人間に読みやすいよう，マシン語命令と1対1で対応した言語．

ステップ	プロセスA 実行命令	(R)	プロセスB 実行命令	(R)	NUM 4(初期値)
1	LOAD NUM,R	5			5
2	DEC R,1	4			5
3	STORE NUM,R	4			4
4			LOAD NUM,R	4	4
5			INC R,1	5	4
6			STORE NUM,R	5	5

（a）実行順1

ステップ	プロセスA 実行命令	(R)	プロセスB 実行命令	(R)	NUM 4(初期値)
1	LOAD NUM,R	5			5
2			LOAD NUM,R	5	5
3	DEC R,1	4			5
4			INC R,1	6	5
5	STORE NUM,R	4			4
6			STORE NUM,R	6	6

（b）実行順2

ステップ	プロセスA 実行命令	(R)	プロセスB 実行命令	(R)	NUM 4(初期値)
1	LOAD NUM,R	5			5
2			LOAD NUM,R	5	5
3			INC R,1	6	5
4			STORE NUM,R	6	6
5	DEC R,1	4			6
6	STORE NUM,R	4			4

（c）実行順3

図 4.2　磁気テープ（MT）装置確保の実行例

れぞれ，LOAD，DEC，STORE 命令を実行する．プロセス A が STORE 命令を実行後，つぎの命令の実行までにプリエンプションが発生し，プロセス B に CPU リソースが移行した場合を考える．この場合，テープを確保するための前処理（共有変数 NUM を 1 減らす）を実行するプロセス A と，テープを使い終わった後処理（共有変数 NUM を 1 増やす）を実行するプロセス B の両方の処理を実行した後（ステップ 6 終了時）は，NUM の初期値 5 と同様の値が，NUM の値として格納されている．これは，プロセス A のリソース確保，プロセス B のリソース解放の二つの異なる処理を実行した後の結果としては，正常な結果である．

　一方，図 4.2 (b) の実行順 2 の場合，実行順 1 と異なり，プロセス A，プロセス B とも，1 命令の実行後すべての時点でプリエンプションが発生し，コンテキスト切り替えが起こる．この実行順では，すべての命令の実行後，実行順 1 と同様の処理を行ったにもかかわらず，最終的な NUM の値は実行順 1 と異なり，空き磁気テープの数 NUM が 6 になっている．つまり，実行順 1 と同様に，プロセス A が確保，プロセス B が解放を行ったにもかかわらず，磁気テープの数が 1 増加する結果となった．また，図 (c) の実行順 3 の場合は，最終的な空き磁気テープの数 NUM の値は正常値より 1 減少し，4 となった．

44　第 4 章　並行プロセス：排他制御基礎

　実行順 1，2，3 で，最終的な NUM の値が異なる原因は，LOAD 命令でレジスタ R 内に読み込んだ NUM の値を STORE 命令で，NUM に格納する前に，もう一方のプロセスが NUM の値をレジスタ R 内に読み込んでしまうことに原因がある．二つのプロセス間での命令の実行順に起因するこの矛盾を解決するには，共有変数の内容をレジスタ内に読み込み，演算をし，結果を共有変数に格納する一連の処理（LOAD, INC, STORE もしくは LOAD, DEC, STORE）の実行において，3 命令を分割できないような何らかの制御が必要となる．

　このように，一連のプログラムの実行中，プリエンプションが発生することにより，プログラムの実行結果に何らかの異常が起こるため，分割してはいけない領域を際どい領域（**クリティカルセクション**）とよぶ．言い換えると，クリティカルセクションの実行（この例の場合，LOAD, INC, STORE もしくは LOAD, DEC, STORE）は，ほかのプロセスと排他的に実行する制御が必要である．このような制御のことを**排他制御**（mutual exclusion：**MUTEX**）とよぶ．

4.1.2　プロセス協調

　プロセス間の協調処理は，オペレーティングシステムの実行過程においてさまざまな場面で用いられるが，もっとも基本となる処理が**プロセス間通信**である．通常，プロセス間通信では，二つのプロセスの間に，**通信バッファ**とよばれる一時的に通信情報を保存する機能を用いる．この通信バッファは，送信側プロセスからみた場合，受信側プロセスの状態にかかわらず，常時送信データを書くことが可能であり，また受信側プロセスからみた場合，常時受信データを通信バッファから読み込むことが可能である．

　もし，通信バッファのような機能を有する領域が存在しない場合は，受信側はいつ送信側から送られてくるかわからない送信データを待って，常時受信状態で待機する必要がある．また，送信側は送信する前に受信側が準備状態であるかをつねに確認する必要があり，プログラム作成が困難となる．たとえば，いつ要求が発生するかわからない Web ブラウザからのデータ要求に対して，Web サーバをどのように構成すればよいかを考えてみれば，困難さが容易に想像できるだろう．

　図 4.3 に通信バッファを用いたプロセス間通信の基本モデルを示す．図中，配列名 BLOCK[ ] が通信バッファ領域であり，送信側プロセス A と受信側プロセス B の両方からアクセス可能な共有変数である．バッファを用いた通信の場合，注意しなければならない状況はつぎの二つである．

① すでに送信側からバッファに転送したデータを受信側が取り込む前に，送信側がバッファに新しいメッセージを上書きしてしまう状況．

② すでに受信側が取り込んだメッセージより新しいメッセージを送信側が書く前に，受信側が同じメッセージを通信バッファから読み込んでしまう状況．

　送信側プロセスは，メッセージを作成後，バッファに格納する処理を繰り返す while 文を実行する．受信側プロセスは，メッセージをバッファから読み込み，処理を行うことを繰り返す while 文を実行する（図中 A1～A6，B1～B6 行）．共有変数 FLAG は，

4.2 排他制御 45

```
       #define   TRUE 1
       #define   FALSE 0
       int FLAG=FALSE;
 行    char BLOCK[最大メッセージ長];                                            行
 A1    while(TRUE){                   while(TRUE){                      B1
 A2      メッセージの作成                while(!FLAG){};                   B2
 A3      while(FLAG){};                メッセージを BLOCK から読み込む      B3
 A4      メッセージを配列 BLOCK に代入    FLAG=FALSE;                      B4
 A5      FLAG=TRUE;                     メッセージの処理                   B5
 A6    }                             }                                 B6
```

プロセス A(送信側)　　　　　　　　プロセス B(受信側)

図4.3　通信バッファを用いたプロセス間通信の基本モデル

TRUE か FALSE のみ値とする変数である．この FLAG を用いることにより，上記二つの問題を解決する．まず，受信側プロセス B は，FLAG が TRUE になる（送信側プロセスが A5 行を実行する）まで B2 行を無限ループすることにより待機する．プロセス A がメッセージを BLOCK に代入後，A5 行を実行することにより，FLAG にTRUE が代入される．この代入により，B2 行でループを実行することで待機していたプロセス B がメッセージを読み出すことができる．さらにプロセス B がメッセージをバッファから読み込むと，ただちに変数 FLAG に FALSE を代入する（B4 行）．この代入により，BLOCK から受信側のプロセスを読むまで待機していた（A3 行）送信側のプロセス A が，新しく BLOCK にメッセージを代入することが可能となる．

　共有変数 FLAG の変化により，図中二つの矢印で示したように，両プロセスの実行が制御される．このような制御は単にプロセス間通信だけでなく，計算機内のさまざまな応答時間の異なる周辺機器間の通信で広く用いられている手順であり，一般にハンドシェイクとよばれる．

4.2　排他制御

　排他制御は，オペレーティングシステムの基本的な機能である．つまり，オペレーティングシステムの性能に非常に重要な役割を有する機能である．排他制御の実装には，つぎに示す点で注意が必要である．

① **即時性**　　クリティカルセクションを実行しているプロセスが一つも存在しない場合，あるプロセスがクリティカルセクションの実行を要求した時点で，ただちに許可を与えなければならない．

② **デッドロック防止**[1]　　二つ以上のプロセスが，クリティカルセクションに入ることを要求した場合，クリティカルセクションに入る許可を無期限に遅らせてはならない．

③ **公平性**　　いかなるプロセスも，あるプロセスがクリティカルセクションに入ることを排除することはできない．

---

1) デッドロックについて詳しくは 5.2.4 項参照．

クリティカルセクションに入る権利を獲得する一連の処理を**エントリーシーケンス**，クリティカルセクションから出るための準備を行う一連の処理を**エグジットシーケンス**とよぶ(図 4.4)．

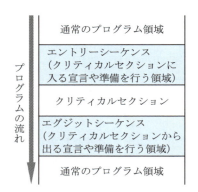

図 4.4　エントリーシーケンスとエグジットシーケンス

まず，簡単な排他制御の実現方法として，図 4.5 に示すフラグによる制御を考える．エントリーシーケンスとして，つぎの二つの処理を実行する．

　① クリティカルセクションに入ろうとするプロセスはフラグを確認し，クリティカルセクションに入れるかどうかを決定する．
　② クリティカルセクションに入ると同時に，そのプロセスによってフラグを下げる．

この手法は一見うまく動作するようにみえる．しかし，クリティカルセクションをフラグによって排他制御を行う時点で，実はこの二つの処理(フラグの確認，フラグを下げる)自体が，分割できない操作であることに注意が必要である．フラグが立っている(クリティカルセクションに入っているプロセスがない)ことを確認する命令を実行した後で，プリエンプションが発生し，もう一つのプロセスも同様にフラグを確認する操作を行った場合は，クリティカルセクションに二つのプロセスが同時に入ってしまう．つまり，この二つの命令は分割できない命令であり，この方式では排他制御は実現できない．

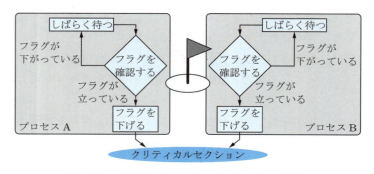

図 4.5　フラグによるクリティカルセクション制御

4.3 Dekker のアルゴリズム

ソフトウェアのみで二つのプロセスの排他制御を行うことができるアルゴリズムを 1965 年に Dekker が発表した．図 4.6 にそのアルゴリズムを示す．Dekker のアルゴリズムは，プロセスがクリティカルセクションに興味があるかを示す配列 Interest と，プロセス A，プロセス B が同時にクリティカルセクションに興味をもった場合にどちらを優先させるかを決定する変数 Priority の二つの変数により制御する．なお，Dekker のアルゴリズムでは，代入命令，比較命令を実行中，プリエンプションが発生しないことが前提である[1]．

プロセス A が，クリティカルセクションに興味をもった時点で，変数 Interest[A] に TRUE を代入し，プロセス B に対して，プロセス A がこのクリティカルセクションに興味をもっていることを示す（A1 行目）．もし，プロセス B が，このクリティカルセクションに興味がない場合には（プロセス A が A2 行目を実行時点で Interest[B] が FALSE），プロセス A は while 文を実行することなく，ただちにクリティカルセクションに入ることができる（A2 行目）．

もし，プロセス A がクリティカルセクションを実行中に，プロセス B が B1 行目を実行し，クリティカルセクションに興味をもった場合には，つぎの while 文は Interest[A] が FALSE になるまで回り続ける（B3 行目）．

排他制御を行ううえで重要な実行例として，プロセス A が A1 行目を実行した直後に，プリエンプションが発生し，プロセス B が同様に B1 行目を実行した場合がある．

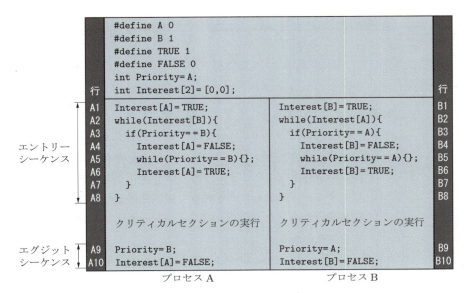

図 4.6 Dekker のアルゴリズム

---

[1] この前提は，一般の計算機ではまったく問題ない．また，このように CPU の命令レベルでプリエンプションが発生しない命令を**アトミック命令**とよぶ．

この場合，プロセス A，プロセス B とも 3 行目から 8 行目までの while 文の本文を実行することになり，変数 Priority により実行が制御される．

つまり，もし自プロセス側に優先権がない場合（プロセス A の場合は Priority == B が真の場合（A3 行目）），いったん，自プロセスがクリティカルセクションに興味がないものと（A4 行目），自プロセスに優先権がくるまで，無限ループにより待機する（A5 行目）．先に入ったプロセスがクリティカルセクションを終了後のエグジットシーケンスで，Priority を相手に渡す（B9 行目）と，無限ループで待機していたプロセスは，再び Interest[A] に TRUE をセットすることにより，このクリティカルセクションへの興味を再開し，A2 行目で相手がすでに興味がないことを確かめたうえで，クリティカルセクションに入ることが可能となる．

Dekker のアルゴリズムは，Interest 配列と，Priority 変数の二つを使って排他制御を行う巧妙なアルゴリズムである．Dekker のアルゴリズムを発展させて，1981 年に Peterson が図 4.7 に示すより簡潔なアルゴリズムを発表した．

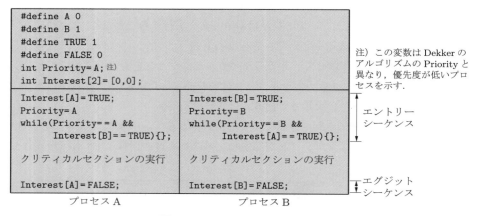

図 4.7　Peterson のアルゴリズム

Dekker のアルゴリズム，Peterson のアルゴリズムともに，特殊な命令なしに排他制御を行うことができることを示したアルゴリズムとしては有効であるが，実際のオペレーティングシステムに用いるにはつぎの問題点がある．

　① クリティカルセクションに入るかどうかの判断は，ユーザが作成したプログラムの責任となる．つまり，もしクリティカルセクションに入る必要のあるプログラムが，決められた手続きで排他制御を行わなかったり，またプログラムに間違いがあった場合などは，オペレーティングシステムに重大な影響を及ぼす可能性がある．

　② Dekker（Peterson）のアルゴリズムの場合，変数 Priority で最終的にクリティカルセクションに入るべきプロセスを制御している．しかし，一般に三つ以上のプロセスが同時に実行される環境の場合などでは，細かな優先度の設定は困難である．

　③ 片方のプロセスがクリティカルセクションを実行中は，もう一方のプロセス

は，図 4.6 中の 5 行目で示すように，無限ループを回って待つ必要がある．つまり，待っている側のプロセスも CPU リソースを消費し続けることになり，結果として CPU リソースが本来の仕事のために使われるのではなく，リソースを待つためだけに使われる．このような待機法をビジーウェイティングとよぶ[1].

4.4 割込み制御による排他制御

　単一プロセッサシステムの場合，プロセスの中断は割込み時に限定される．したがって，クリティカルセクション実行時のエントリーシーケンスで，割込み禁止命令を実行し，エグジットシーケンスで割込み禁止解除命令を実行することにより，クリティカルセクション内では，プロセスの中断は起こらないため，プロセス競合は発生しない．この方法は，実装も簡単であり，小規模なシステムでは有効な排他制御方法である．

　図 4.8 に簡単なプログラム例を示す．しかし，一般に複数のプロセスが同時に実行され，システムが大規模になればなるほど，割込みは頻繁に発生する．つまり，プロセスによる割込み禁止の期間が長くなればなるほど，オペレーティングシステム実行の自由度が少なくなり，結果として応答時間の増加に繋がる．また，長時間割込みを禁止された最悪の場合，入出力要求への対応ができなくなり，オペレーティングシステムが停止する可能性もある．

```
main()
{
  通常のプログラム領域
  disable_interrupt();    /* 割込み禁止命令 */
  クリティカルセクション
  enable_interrupt();     /* 割込み禁止解除命令 */
  通常のプログラム領域
}
```

図 4.8　割込み禁止による排他制御

4.5 ハードウェアによる排他制御

　初期の CPU アーキテクチャは，バッチ処理を前提に考えられており，マルチプログラミングや対話処理が考慮されることは少なかった．1960 年代に入り，対話処理の重要性が認識されるにつれて，排他制御専用の機械語命令の必要性が認識され，**テストアンドセット**(test and set：**TS**)命令(またはテストアンドセットロック命令(TSL 命令)ともよばれる)が提案された．

---

1)　複数のプロセッサの場合，積極的にこのような待ち方をすることがある．これを**スピンロック**とよぶ.

> **テストアンドセット命令** $v = \text{test\_and\_set}(x)$（または $v=TS(x)$）
>
> x の値を，v に転送すると同時に，x に 0 を代入する．なお，この TS 命令は CPU の基本命令であるため，命令の実行途中にプリエンプションは行われないアトミック命令(6.4.1 項参照)である．

図 4.9 に，TS 命令を用いた排他制御の例を示す．Dekker のアルゴリズムなどに比べて，非常に単純なプログラムで排他制御の実現が可能である．従来の LOAD や STORE 命令が一つの変数にしか作用（値を変える）しなかったのに対して，TS 命令は二つの変数に同時に作用することにより，排他制御の実現を容易にした[1]．

TS 命令を用いても，Dekker のアルゴリズムの際に問題となったプログラム側の責任による排他制御やビジーウェイティングなど解決されていない問題はあるが，非常に少ないソフトウェアの実行コストで，排他制御が実現可能になったという点が重要である．

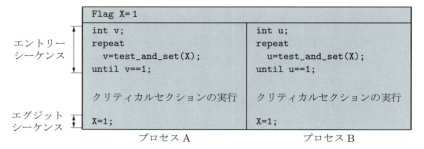

図 4.9　テストアンドセット命令による排他制御

第 4 章のポイント

1. 複数のプロセスを同時に実行する環境においては，**プロセス競合**，**プロセス協調**が重要となる．これらの解決には，プロセス間の同期手法が基本となる．
2. プログラムが中断されることにより，プロセス競合が起こる可能性のあるプログラム領域を**クリティカルセクション**とよぶ．クリティカルセクション実行中は，ほかのプロセスが同時にクリティカルセクションに入らないように**排他制御（MUTEX）**を行う必要がある．
3. ソフトウェアによる排他制御の基本的な手法として，**Dekker のアルゴリズム**がある．しかし，このアルゴリズムの問題点としては**ビジーウェイティング**がある．
4. クリティカルセクションの前後で割込みを禁止することによる排他制御の実現手法は，システムの性能に影響を及ぼす場合が多いので，できるかぎり利用は避ける

---

[1] 2 変数の内容を交換する swap 命令でも同様に排他制御を実現することは可能である．しかし，あるレジスタの内容を，ほかのレジスタに転送すると同時に転送元のレジスタをゼロにクリアするハードウェアコストと，二つのレジスタの内容を交換するハードウェアコストからみて，TS 命令に優位性があるのは明らかである．

べきである.

5. 排他制御を実現するためのハードウェア支援として**テストアンドセット**(TS)命令が開発され,現在でも排他制御のための基本命令である.

演習問題

4.1 複数のプロセッサを想定した場合,スピンロックによる排他制御は,どのような場合に有効かを考察せよ.

4.2 リソース競合がたまにしか起こらない場合に,排他制御を行わずにプロセスを実行する「楽観的(optimistic)手法」について調べよ.

4.3 排他制御を行う手法として,割込み禁止命令を用いる方法がある.この方法の利点と欠点を挙げよ.

4.4 排他制御を実現するための命令追加について,TS命令がSWAP命令に比べて容易に実現できることを示せ.

第5章

並行プロセス：セマフォア

keywords

セマフォア，P命令，V命令，プロデューサ／コンシューマ問題，リーダライタ問題，食事をする哲学者問題，デッドロック

　第4章で説明したDekkerのアルゴリズムやTS命令は，排他制御を実装するうえでの基礎技術である．しかし，非常に複雑な排他制御をユーザの責任で行わなければならないこと，ビジーウェイティングが起こることなどの問題がある．そこで提案されたのがセマフォアである．本章では，セマフォアを使い，協調問題として基本のプロデューサ／コンシューマ問題，リーダライタ問題，食事をする哲学者問題を考える．

5.1　セマフォア構造体

　排他制御は，オペレーティングシステムの実装のみならず，マルチスレッドプログラミングでも頻繁に用いられるため，プログラマに使いやすく，かつ効率のよい実現方式であることは非常に重要となる．

　そこで，より強力なプロセス間の同期機構として，Dijkstraによりセマフォア（semaphore[1]）が提案された．セマフォアは，図5.1に示すように，整数型の変

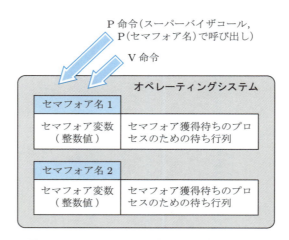

図5.1　セマフォアのデータ構造とP命令，V命令

[1) オランダ語で信号という意味．

数（セマフォア変数）と，待ち行列からなるデータ構造を有する構造体であり，この構造体へは，P命令（passeren命令[1]），V命令（verhoog命令[2]）の二つの操作が許されている．なお，つぎの説明ではセマフォア名を指定するのみで，セマフォア構造体中のセマフォア変数を参照するものとする．

以下にP命令，V命令の擬似コードを示す．

```
● P命令（wait命令ともよぶ）
P(S)     /*Sはセマフォア名*/
{
  if(S>=1){
    S=S-1;
    P命令を実行したプロセスは，そのまま実行する；
  }
  else{
    P命令を実行したプロセスは，待ち状態へ移行する；
    セマフォアS内の待ち行列に待ち状態へ移行したプロセス名を記録する；
  }
}

● V命令（signal命令ともよぶ）
V(S)     /*Sはセマフォア名*/
{
  if(Length(S)>=1){
/*Length(S)はセマフォアの待ち行列にあるプロセス数*/
    待ち行列中の一つのプロセスを実行可能状態へ移行させる；
    V命令を実行したプロセスも，実行可能状態へ移行させる；
  }
  else{
    S=S+1;
    V命令を実行したプロセスは，そのまま実行する；
  }
}
```

P命令およびV命令の実行は排他的に行う必要がある．つまり，P命令とV命令の実行自体は，クリティカルセクションであり，TS命令などを用いて実装される．しかし，一般のアプリケーションプログラマはTS命令を意識することなく，P命令とV命令のみを用いてクリティカルセクションの制御が行えるという意味で，より抽象度の高い機構であるといえる．

5.2 基本的なプロセス協調問題

ここでは，セマフォアを使った基本的なプロセス協調問題の例題を示す．

5.2.1 排他制御

プロセス協調の基本的な問題として**排他制御**（mutual exclusion：MUTEX）がある．排他制御は，同一の資源を必要とする複数のプロセスが同時に実行されている場合に，自分の確保した資源の利用をほかのプロセスから制限することにより，資源の整合性

---

1) オランダ語で通過を許すという意味．
2) オランダ語で高めるという意味．

54 第 5 章　並行プロセス：セマフォア

を保つ制御である．セマフォアを用いた排他制御の解法を図 5.2 に示す．図中 1 行目のセマフォア変数 mutex は，プログラム A，プログラム B の両プログラムからアクセス可能な共有変数であり，1 に初期化されている．なお，セマフォアの値として，0 もしくは 1 のみを取るセマフォアは，とくに**バイナリセマフォア**とよぶ[1]．

1	Semaphore mutex=1		
A2 A3 A4	P(mutex) クリティカルセクション V(mutex)	P(mutex) クリティカルセクション V(mutex)	B2 B3 B4
	プログラム A	プログラム B	

図 5.2　セマフォアによる排他制御の解法

　プログラム A，プログラム B の両プログラムは，相手の状態を考慮することなく非同期に動作し，A3 行目，B3 行目は，両プログラムが同時に入ることができないクリティカルセクションとする．この場合の排他制御は，セマフォアを使うと簡単に記述することができる．つまり，クリティカルセクションに入る直前(エントリーシーケンス)に P 命令を実行し，クリティカルセクションから出る直前(エグジットシーケンス)に V 命令を実行することにより排他制御が実現できる．つまり，プログラム A がクリティカルセクションを実行中に，プログラム B が P 命令を実行した場合(B2 行目)，すでにセマフォア変数 mutex の値はプログラム A の P 命令の実行により 0 に変更されているため，プログラム B を実行中のプロセスはプログラム A が V(mutex)(A4 行目)を実行するまで，待ち状態に移行するとともに，セマフォア構造体 mutex の待ち行列にプログラム B を実行中のプロセス名が追加される．

5.2.2　プロデューサ／コンシューマ問題

　二つのプロセス間での通信を考える．通常二つのプロセスは，それぞれ相手のプロセスの状態を知ることはできない．つまり，送信側からみた場合，受信側が受信可能状態にあるのかさえもわからないのが一般的である．

　この場合の 2 プロセス間での通信の方法として，受信側のプロセスは，いつ送信側から送られてくるかまったくわからない通信を常時待つプログラムを実行することが考えられる．しかし，この方法では，受信側のプログラムは常時受信可能状態でなくてはならないため，実質的に受信以外のはたらきをする部分のプログラムを作成することはできず，実現性に乏しい．

　4.1 節で示したように，一般に非同期に実行される二つのプロセス間の通信では，バッファとよばれる一時的なメモリを介した方式が用いられる．バッファは，送信側から送られてきたデータを常時格納でき，また受信側からは常時読み出し可能な特徴をもつ．つまり，送信側は受信側の状態をまったく意識せずに送信したいデータをバッファに書き，受信側は送信側の状態にかかわらず，バッファからデータを読む．これによりプロセス間通信を実現する．

---

1)　バイナリセマフォアと区別するために，0，1 以外の値を取ることが可能なセマフォアをとくに計数セマフォアとよぶ場合もある．

バッファには大きく分けて，図5.3に示すように，先入れ先出し（first in first out：FIFO）バッファとリング型バッファがある．両バッファとも，データがバッファに格納された後，格納された順に読み出されるという点では同様であるが，通常FIFOバッファをそのまま実装することは少なく，実際にはデータ書き込み位置と，読み出し位置を，それぞれポインタで管理するリング型バッファ形式を用いる．

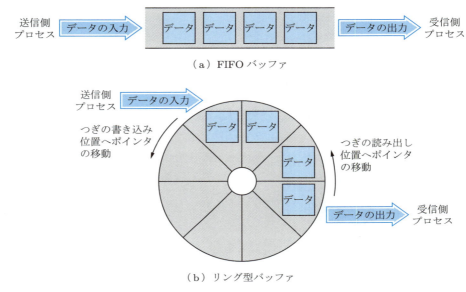

図5.3　FIFOバッファとリング型バッファ

リング型バッファを用いた1プロデューサ（送信側）／1コンシューマ（受信側）問題を図5.4に示す．メッセージを格納するMessages型で表す[1]．リング型バッファはBuffer[0]からBuffer[N-1]までのN個のバッファで構成される．プロデューサ側は，Buffer[I]に送信データを書き，Iの値を1増加させる．また，コンシューマ側はBuffer[J]から受信データを読み，Jの値を1増加させる．

図5.5に1プロデューサ／1コンシューマ問題の解法を示す．図中1～4行は，プロデューサ側，コンシューマ側の共有変数であり，プロデューサ側が書き込み可能なバッファ数を管理するセマフォSはN（バッファ数）で，コンシューマ側が読み込み可能なバッファ数を管理するセマフォMは0で初期化される．

プロデューサ側のプログラムは，メッセージ生成（A7行目），バッファ内にメッセージをコピー（A9行目），バッファの書き込み位置を示す変数Iの増加（A11行目）の三つの処理が無限ループするプログラムであり，コンシューマ側のプログラムは，バッファからのメッセージ読み込み（B8行目），読み込み位置を示す変数Jの増加（B10行目），読み込んだメッセージの処理（B11行目）の三つの処理が無限ループするプログラムである．

プロデューサ側がバッファへの書き込みを停止しなければならない状態は，書き込

---

[1]　文字列を格納する型と考えても，この問題を理解するうえでは支障はない．

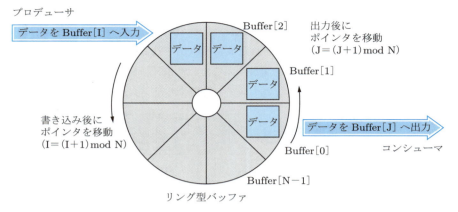

図 5.4　1 プロデューサ／1 コンシューマ問題

```
1   #define TRUE 1
2   Semaphore S=N;  （Sは空きバッファ数，Nは全バッファ数）
3   Semaphore M=0;  （Mはバッファ内のメッセージ数）
4   Messages Buffer[N];
```

	プロデューサ	コンシューマ	
A5	`int I=0;`	`int J=0;`	B5
A6	`while(TRUE){`	`while(TRUE){`	B6
A7	メッセージ生成	`P(M);`	B7
A8	`P(S);`	`Buffer[J]からメッセージをコピー`	B8
A9	`Buffer[I]にメッセージをコピー`	`V(S);`	B9
A10	`V(M);`	`J=(J+1) mod N;`	B10
A11	`I=(I+1) mod N;`	コピーしたメッセージの処理	B11
A12	`}`	`}`	B12

図 5.5　1 プロデューサ／1 コンシューマ問題の解法

むべきバッファがない状態($S=0$)で，書き込みを行おうとした状態である．したがって，バッファに書き込む前（A8 行目）に P(S) を実行する．もし，$S=0$ で P(S) を実行した場合，プロデューサ側のプロセスは待ち状態に移行する．待ち状態からの復帰は，コンシューマ側のプロセスがバッファからのメッセージを読んだ直後（すなわちバッファに書き込むべき領域ができた）の V(S) 命令（B9 行目）により行われる．

同様に，コンシューマ側が読み込みを停止しなければならない状態は，バッファ内に読み込むべきデータがない状態($M=0$)であり，もし，$M=0$ の状態で P(M) を実行した場合（B7 行目），コンシューマ側のプロセスは待ち状態に移行する．待ち状態に移行したコンシューマ側のプロセスは，プロデューサ側がメッセージを書き込んだ直後の V(M)（A10 行目）の実行により，再開される．このように，二つのセマフォを用いたハンドシェイク手順により，プロデューサ側のバッファへの余計な書き込み，コンシューマ側の空バッファからの読み込みが制御される．

5.2.3 リーダライタ問題

さまざまなデータを格納したデータ（データベース）への読み書きを想定した問題が，図 5.6 に示すリーダライタ問題である．リーダライタ問題はつぎの三つの条件から構成される．

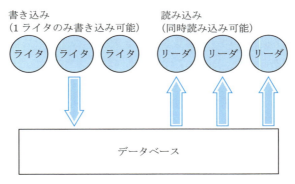

図 5.6 リーダライタ問題

① ライタが書いている間は，リーダは読めない．
② 同時に一つのライタしか書き込めない．
③ ライタが書き込みを行っていない間は，複数のリーダが読み出し可能である．

図 5.7 に，リーダライタ問題の解法を示す．共有変数として，二つのセマフォ W，M と読み込み中のリーダの数を表す整数型変数 R を定義する．ライタ側プログラムでは，データベースへの書き込み処理をセマフォ W により管理する．つまり，P(W) と V(W) で排他制御を行うことにより，一つのライタしか書き込みを行うことができないようにしている．

データベースへの書き込み処理と異なり，読み込み処理時は複数のリーダが同時にデータベースへアクセス可能である．したがって，最初にアクセス権を得たリーダが排他制御の開始処理（P 命令）を行い，最後に読み込みを終えたリーダのみが排他制

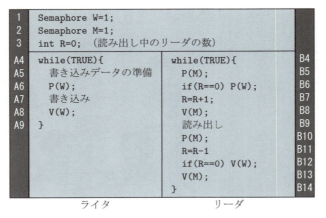

図 5.7 リーダライタ問題の解法

御の終了処理（V命令）を行う必要がある．最初にアクセス権を得たリーダの判別は，B6行目で行う．Rが0の場合は，最初にアクセス権を得たリーダであるため，データベースへの読み書きの排他制御を管理するセマフォWに対してP命令を実行し，排他制御を行う．プログラム中B12行目でRが0の場合は，読み込みを行っている最後のリーダであるため，読み込みを終えた時点でV命令を実行することにより，排他制御を終了する．

読み込み中のリーダ数を表す変数Rへのアクセスは，リーダの中で排他的に行う必要があるため，B6，B7行目の操作およびB11，B12行目の操作は，セマフォMにより排他制御を行う．

なお，図で示した解法は，リーダがデータベースにアクセスしている間は，ライタはアクセスできず，リーダが存在しなくなったときにのみアクセスが可能な解法であり，リーダに優先権があるリーダ弱優先解である．リーダライタ問題には，リーダとライタが同時に終了を待っていた場合に，リーダを優先するリーダ強優先解，同条件でライタを優先するライタ強優先解，ライタがデータベースにアクセスしている間は，リーダはアクセスできずライタが存在しなくなったときにのみアクセス可能なライタ弱優先解などの解法がある．

5.2.4 食事をする哲学者問題（ダイニングフィロソフィア問題）

通常，プロセスは実行時に複数のリソースを要求する場合が多い．食事をする哲学者問題とは，実行時に複数のリソースを要求する場合を想定した，複数のプロセス間での排他制御をモデル化した問題である．

図5.8に示すように，5人の哲学者がパスタの皿を前に，テーブルの回りに座っている．哲学者の左右には，フォークが5本，さらにテーブルの中央には山盛りのパスタ皿がおかれている．哲学者は，食事の時間中も考えごとをするため，食事時間内は「思考中」と「食事中」を繰り返すことになる．なお，パスタは絡まっているため，「食事中」に移行するためには，必ず2本のフォークが必要となる．また，哲学者は頑固なので，自分の意思を曲げることはない．さらに，哲学者といえども長い間食事をしないと，餓死してしまうという設定である．この5人の哲学者を死なせずに食事をさ

図5.8 食事をする哲学者問題

5.2 基本的なプロセス協調問題　　59

せるための方法を考えるのが，食事をする哲学者問題である．

　一番簡単な解法として，哲学者の両隣にあるそれぞれのフォークをセマフォで排他制御する方法を考える．図5.9に解法を示す．1行目に，五つの関数 philosopher(0)，philosopher(1)，philosopher(2)，philosopher(3)，philosopher(4) でアクセス可能な共有領域にあるセマフォ変数を定義し，それぞれの変数で5個のフォークを管理する．プログラム中では5人の哲学者を引数 i として指定し記述しているが，実際にはオペレーティングシステムの中で，philosopher(0) から philosopher(4) までの五つのプログラムが，非同期にかつ同時に動作しており，1行目で定義したセマフォ変数 fork[0] から fork[4] はその五つのプログラムから同時アクセス可能な共有変数であることに注意する必要がある．

```
1   Semaphore fork[5]={1,1,1,1,1};
2   philosopher(int i)
3   {
4     while(TRUE){
5       思考中
6       /* 食事開始 */
7       P(fork[i]);
8       P(fork[(i+1) mod 5]);
9       食事中
10      V(fork[(i+1) mod 5]);
11      V(fork[i]);
12    }
13  };
```

図5.9　食事をする哲学者問題の解法1

　各哲学者は4行目から11行目までを無限ループし，「思考中」と「食事中」を繰り返し，食事の前にまず自分の右側のフォーク，つぎに左側のフォークを確保し，食事をする．食事を終了後，左側，右側の順でフォークを置く解法である．

　一見この方法はうまく動作するように思われる．しかし，philosopher(0) から philosopher(4) までの五つのプロセスはすべて独立に動作し，CPU を共有している．つまり，それぞれのプロセスが任意の時点で中断されることを考える必要がある．たとえば，philosopher(0) が7行目を実行後，中断し，philosopher(1) が実行し，さらに philosopher(1) も7行目で中断，つぎに philosopher(2)，philosopher(3)，philosopher(4) も同様の場所で中断したと考える．この場合，つぎに philosopher(0) の実行が再開されても，すでに左側のフォークは philosopher(4) により獲得されているため，セマフォ変数 fork[4] を獲得するための待ち行列に登録し，待ち状態となってしまう．同様のことがすべてのプロセスで発生するため，すべてのプロセスは永遠に食事中に移行できなくなる．

　つまり，すべてのプロセスが，あるリソースを確保するために，別のリソースを確保したまま解放を待っている状態となってしまい，これらのリソースに関連するすべてのプロセスの実行が止まってしまう．このような状態を**デッドロック**とよぶ．

　図5.10に，デッドロックが起こらない解法例を示す．図5.9に示したプログラム

60　第 5 章　並行プロセス：セマフォア

```
1   Semaphore fork=1;
2   philosopher(int i)
3   {
4     while(TRUE){
5       思考中
6       /* 食事開始 */
7       P(fork);
8       食事中
9       V(fork);
10    }
11  };
```

図 5.10　食事をする哲学者問題の解法 2

では，複数のリソースの取り合いがデッドロックの原因であるため，フォークをすべて一つのセマフォアで管理する．この方法では，間違いなくデッドロックは発生しない．しかし，5 人の哲学者に 5 本のフォークが割り当てられた場合は，原理上最大 2 名が食事ができるはずであるが，この解法では最大 1 名しか食事ができないことになる．実際には，オペレーティングシステム内にはさまざまなリソースが存在し，各プロセスはさまざまなパターンでリソースの獲得を要求する．したがって，さまざまなリソースの獲得を一つのセマフォアで管理した場合，リソース共有は著しく効率が悪くなるため，現実的な解法ではない．

　また，philosopher(4) だけが別の行動をとるという解法も考えられる．つまり，1 番目から 4 番目の哲学者の行動とは逆に，まず最初に左側のフォークを，つぎに右側のフォークを確保する図 5.11 に示す解法である．

　この方法は，リソースの確保に優先順位を付ける方法である．つまり，1 番目から 4 番目までの哲学者は左側のフォークが右側のフォークより優先順位が高く，5 番目の哲学者は右側のフォークが優先順位が高い．したがって，5 人の哲学者すべてが，一つのフォークを確保した後，もう一つのフォークを待つというデッドロックは発生しない．しかし，この方法では，5 番目の哲学者だけが有利（もしくは不利）になる可能性はないだろうか．本問題のように単純な複数のリソース競合の問題だけでなく，一般のリソース競合の問題に拡張可能か，またその際に，各プロセスの有利，不利はないのか，などさまざまな問題があることは明らかである．

　そのほかの解法として，つぎの二つの方法が考えられる．

　　① 方法 a　　左のフォークを取った後，右のフォークが空いてなければ左のフォークを置きしばらく待つ．

　　② 方法 b　　上記方法に加えて，さらにランダムに生成した数で待つ時間を決定する．

しかし，方法 a では，すべての哲学者が左側を取った後に，右側が確保できないため，左側を置くという操作を無限回繰り返す可能性がある．待つ時間を乱数によって決定することにより，ほとんどの場合正しく動作する．しかし，つぎの問題点がある．

　　① 絶対に正しく動作し，デッドロックを起こさない保証がない（たとえば，航空機や原子力発電の制御など絶対にデッドロックが許されない場合に使えない）．

5.2 基本的なプロセス協調問題　　61

```
1   Semaphore fork[5]={1,1,1,1,1};
2   philosopher(int i)
3   {
4     while(TRUE){
5       思考中
6       /* 食事開始 */
7       if(i!=5){
8       P(fork[i]);
9       P(fork[(i+1) mod 5]);
10      }
11      else{
12      P(fork[(i+1) mod 5]);
13      P(fork[i]);
14      }
15      食事中
16      if(i!=5){
17      V(fork[(i+1) mod 5]);
18      V(fork[i]);
19      }
20      else{
21      V(fork[i]);
22      V(fork[(i+1) mod 5]);
23      }
24    }
25  };
```

図 5.11　食事をする哲学者問題の解法 3

② この解法では，左側のフォークを取った後，もし右側を確保できない場合，左側を置くという操作のみを行う．つまり，右側のフォークが取れなかったという事象の履歴は残らない．公平さを考えた場合，右側のフォークを取れず，左側のフォークを解放した哲学者に，つぎは何らかの優先権を与えるべきではないか．

このように複数のリソースを確保する問題の解法に求められる条件として，つぎの条件が必要である．

① リソースを確保しようとして，確保できなかった場合，対象とするリソースを待つための待ち行列に並ぶことを可能とする．

② すべてのプロセスが，平等な方法によってリソースを割り当てられることを保証する．

任意個のプロセス（この例題の場合は哲学者）が任意個のリソース（この例題の場合はフォーク）を確保する状況に対して適用可能な解法を，1984 年に Chandy と Misra が提案した．この解法は，ネットワークで結合した分散システムにおけるリソース割り当て問題にも適用可能であり，現在一般的に用いられている．

この Chandy/Misra 解法を，食事をする哲学者問題に適用した場合の解法の概略を図 5.12 に示す．利用する変数はつぎの三つである．

① 配列 state　　哲学者の 3 状態（THINKING，HUNGRY，EATING）を示す．両隣の哲学者が EATING 状態でないときに，中央の哲学者は EATING 状態に遷移可能である．

② セマフォア配列 s（初期値 0）　　フォークの取得時の同期用．フォークを獲得

62　第 5 章　並行プロセス：セマフォア

```
#define N 5
#define THINKING 0
#define HUNGRY 1
#define EATING 2
int state[N];           /* 各哲学者の状態配列 */
semaphore mutex=1;      /* 相互排除用 */
semaphore s[N]={0};     /* 哲学者ごとのセマフォア */
void philosopher(int i)
{
  while(TRUE){
    /* 思考中 */
    take_forks(i);     /*2 本のフォークを取る */
    /* 食事中 */
    put_forks(i);      /*2 本のフォークを置く */
  }
}
void take_forks(int i)
{
  P(mutex);
  state[i]=HUNGRY;
  test(i);
  V(mutex);
  P(s[i]);   /* もしフォークが取れない場合，セマフォア待ち */
}
void put_forks(int i)
{
  P(mutex);
  state[i]=THINKING;   /* 食事終了 */
  test((i-1) mod N);   /* 左側は食事可能か調べる */
  test((i+1) mod N);   /* 右側は食事可能か調べる */
  V(mutex);
}
void test(int i)
{
  if(state[i]==HUNGRY &&
  state[(i-1) mod N]!=EATING &&
    state[(i+1) mod N]!=EATING){
      state[i]=EATING;
      V(s[i]);     /* 食事中 */
    }
}
```

図 5.12　食事をする哲学者問題の Chandy/Misra 解法

できないときの wait 処理に用いる．

③ セマフォア変数 mutex　　配列 state を操作する際の排他制御に用いる．
この変数を用いて，フォークを獲得する操作(take_forks())と，フォークを解放する操作(put_forks())を以下のように行う．

　　take_forks(i)

　　　　Step1-1：自身の状態 state[i] を HUNGRY に設定する．

　　　　Step1-2：両隣の哲学者が EATING 状態でない場合は，自身の状態を EAT-
　　　　　　　　ING にすると同時に，V(s[i]) を実行し，EATING 状態になった
　　　　　　　　ことを示す．

演習問題　63

　　　　　　Step1-3： P(s[i]) を実行し，もし前ステップで EATING 状態にならなかっ
　　　　　　　　　　た場合は wait 状態に移行する．

　　　　put_forks(i)
　　　　　　Step2-1： 自身の状態 state[i] を THINKING に設定する．
　　　　　　Step2-2： 両隣の哲学者(A，B)が HUNGRY 状態であり，さらに哲学者 A，
　　　　　　　　　　B それぞれの両隣の哲学者が EATING 状態でない場合は，哲学
　　　　　　　　　　者 A，B を EATING 状態にすると同時に V(s[i]) を実行する．

　　たとえば，5 人の哲学者全員が同時に HUNGRY 状態になった場合を考える（す
べての哲学者が Step1-1 を実行済み）．その場合，哲学者 0 が EATING 状態に移行
（state[0]=EATING）した場合（Step1-2 を実行して V(s[i]) を実行）は，P(s[i]) を通過
して食事をすることができる．

　　哲学者 0 が state[i]=EATING を実行した後，中断が起こった場合を考える．その場
合，つぎに実行するプロセスが哲学者 1 もしくは 4 の場合は，当該プロセスは Step1-3
の P(s[1])（もしくは P(s[4])）を実行することにより wait 状態に移行する．また，もし
哲学者 2 もしくは 3 の場合は，Step1-2 の実行により EATING 状態に遷移し，食事
をすることができる．

第 5 章のポイント

1. P 命令(wait)と V 命令(signal)からなる**セマフォア**は，より抽象的な排他制御の
枠組みとして開発された．セマフォアを獲得できないプロセスは，待ち状態に移行
するため，ビジーウェイティングの問題はない．

2. プロセス間通信や計算機間の通信（ローカルエリアネットワーク，インターネット
ワーク）をモデル化した**プロデューサ／コンシューマ問題**や，データベースアクセ
ス制御をモデル化した**リーダライタ問題**は，非同期問題の解法として重要な例題で
ある．

3. **食事をする哲学者問題**は，複数リソースを獲得する際のデッドロックをモデル化
している．複数リソースを獲得するプログラムを作成する場合，つねにデッドロッ
クを考慮する必要がある．

演習問題

5.1　プロセスの実体，プロセスが保持中の資源，要求中の資源が図 5.13 (a)のようであると
する．この場合，図(b)のような状態でつぎにどのプロセスがどの資源を要求した場合に
三つのプロセスがデッドロック状態になるかを図示せよ．

5.2　下記の居眠りをする床屋問題をセマフォアを使って解け．なお，この問題は待ち行列を
伴うプロセス同期問題の例題である．

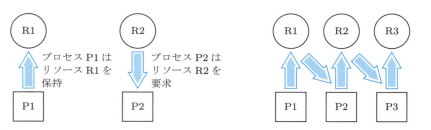

（a）リソース保持，要求の表記法　　（b）三つのプロセスと三つのリソースの状態

図 5.13　プロセスとリソースの関係

> **居眠りをする床屋問題**
>
> 床屋には，理容師が 1 名，待つ客用の椅子が n 個ある．客がいないときは，理容師は居眠りをしている．最初の客は理容師を起こして散髪をしてもらう．つぎの客は，待ち合い用の椅子に座って待つが，待ち合い用の椅子がない場合はあきらめて帰る．

5.3 プロセス A とプロセス B が共有資源 R1，R2 を使用する．このとき，共有資源 R1，R2 へのアクセスに対してセマフォ S1，S2 を用いて排他制御を行う．プロセス A とプロセス B で以下の操作で排他制御を行った場合，どのような問題が起こるかを示せ．また，その問題点に対する対策も挙げよ．

```
プロセス A      プロセス B
 P(S1);          P(S2);
 P(S2);          P(S1);
```

第**6**章

並行プロセス：モニタ

keywords

オブジェクトモデル，メソッド，初期化コード(コンストラクタ)，終了時コード(デストラクタ)，モニタ，条件変数

　第5章で説明したセマフォアは，TS命令やDekkerのアルゴリズムに比べて，ビジーウェイティングが起こりにくいとともに，プログラマが理解しやすい抽象的な排他制御の枠組みであった．しかし，セマフォアにも問題点があり，それを受けて提案されたのがモニタである．本章では，このモニタについて説明し，最後に実例としてLinuxにおける並行プロセスの処理を紹介する．

6.1 セマフォアの問題点

　セマフォアにはつぎのような問題点がある．

　　① P命令，V命令の実行責任は，あくまでユーザ側にあり，ユーザが決められた手続きを取らなくても，クリティカルセクションにアクセスすることができる．

　　② P命令と対となったV命令の実行はユーザの責任であり，V命令の実行を行わないことによるプロセス競合やリソースの独占の危険性がある．

　そこで，セマフォアよりもさらに洗練されたモニタとよばれる排他制御の枠組みが，1978年にHoareにより提案された．セマフォアがプロシージャ(関数呼び出し)の形式を用いるのに対して，モニタはオブジェクト指向の枠組みを用いる排他制御方式である．

6.2 オブジェクト指向

　従来の手続き型言語によるプログラムは，複数の関数(プロシージャ，サブルーチン)と複数のデータ(配列，変数)から構成されている(図6.1)．したがって，原則的には，任意の関数から任意の変数にアクセスすることが可能であり，データ側にはアクセスする関数を制限する枠組みが存在しなかった．

　それに対して，現実の世界をモデル化し，プログラミングの世界に持ち込んだモデルが**オブジェクトモデル**であり，そのオブジェクトモデルによる設計を**オブジェクト指向設計**とよぶ．

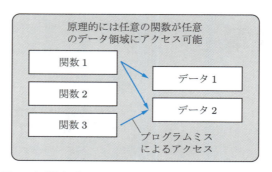

図 6.1　手続き型プログラムにおける関数とデータの関係

　私たちが車を運転する際，車の内部でどのような制御が行われているかを理解している必要はない．ただ車に備えられたさまざまな操作装置(ハンドル，ブレーキなど)の操作方法を知っているだけで，車を運転できる(図 6.2)．

図 6.2　オブジェクトモデルと現実社会

　すなわち，車というもの(オブジェクト)は，さまざまな操作装置からの制御信号に基づいて，車を動かす手続き(プログラム)とさまざまな情報(データ)を車自身がもっており，ユーザは操作によってどのような具体的な手続きが行われるかは知らなくてよい．ブレーキ一つにしても，ブレーキを踏むという動作に対して，ユーザが期待するのは車を減速するという動作のみであるが，実際にブレーキを踏むことにより実行される手続きは，ブレーキランプを点灯し，前輪，後輪に対してあらかじめデータとして保存された適切な割合で制動力を効かせ，スリップした場合は，各駆動輪からのデータをもとに適切な制御を行うなど多岐にわたる．

　つまり，利用者には，オブジェクトに対する操作と，その操作に対する結果のみが重要であり，オブジェクト利用者は，オブジェクト内での手続き，データがどのようなものであるのかは必ずしも必要としない．このように，何らかのデータとそれを操作するための手続き(**メソッド**)の組み合わせがオブジェクトである．

　図 6.3 にオブジェクトの一般的な構造を示す．まず，オブジェクトに対して外部に公開するインターフェースである複数のメソッド群，さらに外部に非公開の内部コード群と内部データ群がある．両者は外部から直接アクセスされることはなく，メソッドを通じたアクセスしか許されない．

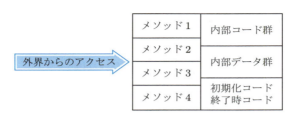

図 6.3 オブジェクトの構造

さらに，一般的なプログラミング言語において，オブジェクトの定義は型の定義であり，オブジェクトの実体は，定義されたオブジェクト型で，新たに変数宣言することにより生成される．このように宣言されたオブジェクトの実体を**インスタンス**とよぶ．図中の初期化コードとは，インスタンス生成時に実行する初期化コードであり，変数の初期化や動的なデータ領域の確保などを行う．また，終了時コードは，インスタンス消滅時に実行されるコードである．代表的なオブジェクト指向言語である C++ では，初期化コード，終了時コードを，それぞれコンストラクタ，デストラクタとよぶ．

6.3 モニタ

オブジェクト指向の考え方の一つに，オブジェクト内にあるデータとプログラムを外部の手続きから隠蔽し，プログラムの意図しないデータへのアクセスを防ぐことがある．オブジェクト指向のこの考え方を利用し，排他制御やリソースへの並行アクセスの問題を解決するために提案された枠組みが**モニタ**である．

図 6.4 にモニタの構造を示す．モニタの構造は，通常のオブジェクトモデル構造に加えて，排他制御の対象となるリソース(共有データなど)と，リソースへのアクセスを待つための待ち行列をもつ．また，メソッドは，リソースにアクセスするための手続き群となる．オブジェクトの考えと同様，モニタの外から直接リソースにアクセスすることはできない．また，メソッドを含むモニタ内のプログラムを実行可能なプロセスは一つに制限され，もしあるプロセスがモニタ内で実行中に，ほかのプロセスがモニタにアクセスした場合は，そのプロセスは待ち状態に移行し，モニタ内の待ち行列に追加される．

セマフォによる解法と異なり，モニタ内のリソースへのアクセスは，コンパイル

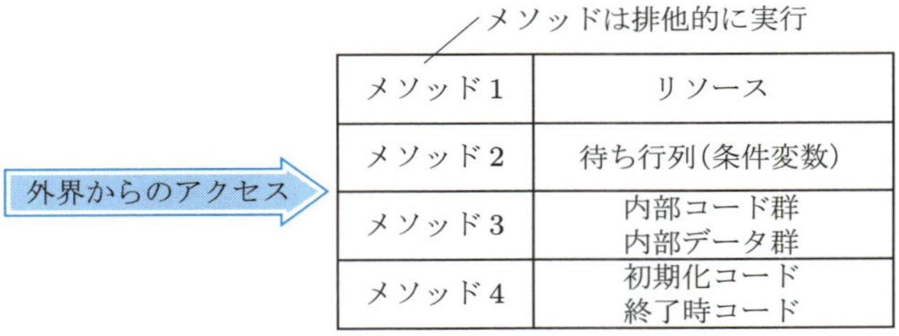

図 6.4 モニタの構造

68 第6章 並行プロセス：モニタ

時にチェックされる．もし，メソッドを介さない不正なアクセスがあった場合，実行時ではなく，コンパイル時にエラーとして検出可能である．

6.3.1 モニタによる共有変数へのアクセス例

図 6.5 にモニタを用いた共有変数へのアクセス例を示す．プログラム中 1 行目から 13 行目がモニタ名 Shared_I の定義部であり，内部変数として I，メソッドとして increment() と decrement() を定義する．15 行目で Shared_I 型のインスタンスであるモニタ変数 NUM の宣言を行う．なお，モニタの場合，原則としてインスタンスは一つしか存在できない．

16 行目から 18 行目は，プロセス A，プロセス B（それぞれがまったく非同期に動作していることに注意）のプログラム例である．16 行目および 18 行目のテープの数を変更する部分がクリティカルセクションとなる．モニタ NUM へのアクセスはメソッドを通じて行う．メソッドの実行は排他的であるため，プロセスはほかのプロセスの行動を考慮することなく，任意の時点で共有変数 I への操作が可能となる．このように，モニタ内部にあるリソースへの排他制御が，モニタの機能として実現され，プログラム側からは排他制御に関する記述を書く必要がなくなる．

```
1   monitor Shared_I
2   {
3     int I;
4     public increment(amount)
5     int amount;
6     {
7       I=I+amount;
8     }
9     public decrement(amount)
10    int amount;
11    {
12      I=I-amount;
13    }
14  }
15  Shared_I NUM; /*Shared_I 型のモニタ変数の定義 */
```

A16	NUM.decrement(1)	NUM.decrement(1)	B16
A17	テープを利用	テープを利用	B17
A18	NUM.increment(1)	NUM.increment(1)	B18

プロセス A　　　　　　プロセス B

図 6.5 モニタによる排他制御

6.3.2 モニタによる基本的なプロセス協調問題の解法

つぎに，モニタを用いたリーダライタ問題の解法を図 6.6 に示す．プログラム中 1 行目から 26 行目までが，モニタ型 Reader_Writer_1 の定義部分であり，27 行目がモニタ変数 lock の宣言部である．

本プログラムは，メソッド start_read()，finish_read() では，start_read() の 8 行目で，もしライタが書き込み中の場合，ループを実行することにより書き込みの終了を待つとともに，リーダ数の管理を行う（9，13 行目）．メソッド start_write()，

6.3 モニタ　69

```
1   monitor Reader_Writer_1
2   {
3     int Readers=0;
4     int Writers=0;
5     int busy=FALSE;
6     public start_read()
7     {
8       while(Writers<>0){};
9       Readers=Readers+1;
10    }
11    public finish_read()
12    {
13      Readers=Readers-1;
14    }
15    public start_write()
16    {
17      Writers=Writers+1;
18      while(busy||(Readers<>0)){};
19      busy=TRUE;
20    }
21    public finish_write()
22    {
23      Writers=Writers-1;
24      busy=FALSE;
25    }
26  }
27  Reader_Writer_1 lock;
```

A28 `lock.start_write();`	`lock.start_read();` B28
A29 データベースに書く	データベースから読む B29
A30 `lock.finish_write();`	`lock.finish_read();` B30
ライタ	リーダ

図 6.6　モニタによるリーダライタ問題の解法 1

finish_write() では，ライタ数の管理を行う（17，23 行目）とともに，ほかのライタが書き込み中，もしくは，リーダが読み込み中の場合は無限ループで待機する（18 行目）．なお，ライタが書き込み中である状態を変数 busy で表す（19，24 行目）．

　このプログラムは一見うまく動作するように思えるが，実際にはうまく動作しない．なぜなら，モニタ動作の原則として，モニタ内で実行中のプロセスは，高々一つに制限され，ほかのプロセスは待機する必要があるからである．つまり，プログラム中 8行目もしくは 18 行目で，プロセスが無限ループを実行することにより，待機中にはこの待機状態を解放しようとするメソッド（finish_read()，finish_write()）を実行しようとするプロセスの実行も制限されてしまう．

　この問題を解決するため，モニタには**条件変数**とよばれるモニタ内でプロセスの実行を制御する枠組みが存在する．条件変数は，モニタ内で使用できる構造体であり，つぎの三つの操作がある．

① wait　　別のプロセスが待ち状態に移行する原因となった条件変数に対してsignal メソッドを実行するまで，自プロセスは待ち状態に移行する．

② signal　　条件変数に対して wait メソッドを実行したことにより待ち状態のプロセスがある場合には，そのうち一つを実行可能状態に移行させる．

70 第6章 並行プロセス：モニタ

③ queue 条件変数の wait メソッドを実行することにより，待ち状態に移行したプロセスが一つ以上ある場合は TRUE を返し，ない場合は FALSE を返す．

セマフォアと同様に，条件変数もプロセスの条件待ちを制御する枠組みである．しかし，セマフォアは，P 命令，V 命令の実行により条件を満たさない場合は待ち状態に移行するという単純な操作しか記述できないのに対して，モニタにおける条件変数は，wait メソッドの実行により自プロセスを明示的に待ち状態に移行するなど，より複雑かつプログラム側からみてよりわかりやすく，直接的な記述が可能である．

図 6.7 に条件変数を用いたリーダライタ問題の解法の一例を示す．たとえば，プログラム中 8 行目では，書き込み中のライタが存在するか，もしくは書き込み待ちのプロセスがある場合，wait 命令を実行し，自プロセスはほかのプロセスが signal 命令を実行するまで待ち状態となる．図 6.8 に，モニタを用いたプロデューサ／コンシューマ問題の解法を示す．図 6.9 に，モニタを用いた食事をする哲学者問題の解法を示す．private 付きで宣言されているメソッド test() は内部コードであり，モニタの外から呼び出すことはできない．哲学者は食事の前にメソッド up() を呼び出し，食事を行い，

```
1   monitor Reader_Writer_2
2   {
3     int Readers=0;
4     int busy=FALSE;
5     condition OK_read,OK_write;
6     public start_read()
7     {
8       if(busy||OK_write.queue)OK_read.wait;
9       Readers=Readers+1;
10      while(OK_read.queue)OK_read.signal;
11    }
12    public finish_read()
13    {
14      Readers=Readers-1;
15      if(Readers==0)OK_write.signal;
16    }
17    public start_write()
18    {
19      if(Readers<>0||busy)OK_write.wait;
20      busy=TRUE;
21    }
22    public finish_write()
23    {
24      busy=FALSE;
25      if(OK_read.queue)OK_read.signal;
26      else OK_write.signal;
27    }
28  }
29  Reader_Writer_2 lock;
```

A30	lock.start_write();	lock.start_read();	B30
A31	データベースに書く	データベースから読む	B31
A32	lock.finish_write();	lock.finish_read();	B32
	ライタ	リーダ	

図 6.7 モニタによるリーダライタ問題の解法 2

6.3 モニタ　71

```
 1   Monitor Producer_Consumer
 2   {
 3     Messages Buffer[N];
 4     int S,M;
 5     condition Full, Empty;
 6     integer Count;
 7     public Producer(word)
 8     Messages word;
 9     {
10       if(Count==N)Full.wait;
11       Buffer[S]=word;
12       S=(S+1) mod N
13       Count=Count+1;
14       Empty.signal;
15     }
16     public Consumer(word)
17     Messages word;
18     {
19       if(Count==0)Empty.wait;
20       word=Buffer[M];
21       M=(M+1) mod N;
22       Count=Count-1;
23       Full.signal;
24     }
25   }
26                    Producer_Consumer lock;
```

A27	Messages word_producer;	Messages word_consumer;	B27
A28	while(TRUE){	while(TRUE){	B28
A29	メッセージを準備し	lock.Consumer(word_consumer);	B29
A30	word_producer に代入	word_consumer に受信した	B30
A31	lock.Producer(word_producer)	メッセージを処理	B31
A32	}	}	B32

プロデューサ　　　　　　　　　コンシューマ

図 6.8 モニタによるプロデューサ／コンシューマ問題の解法

食事終了後 down() を呼び出し，リソースを解放する．メソッド up() では，自身の state を HUNGRY に設定した後，内部コード test() を呼び出す．内部コード test() は，両隣の state が EATING でなく，自分の state が HUNGRY のときにのみ，自分の state を EATING に設定する．メソッド down() では，自分の state を THINKING に設定した値と両隣を対象にした内部コード test() を呼び出し，条件変数 self で待っているプロセスを起こす．

　ただし，モニタですべての問題が解決されるわけではない．モニタの問題点としてつぎのことがある．

　① コンパイル時にコンパイラによってチェック可能なルールは，signal, wait が組で使われていることのみである．しかし，実際には実行時に signal, wait の実行順が逆となり，デッドロックが起こることも考えられる．このような事態を回避するために，実行前のチェック（静的なチェック）のみでの検出は不可能であり，実行時のチェックも同時に必要となる．

　② モニタは，セマフォアに比べて抽象度が高く，見通しのよい排他制御が可能

72　第6章　並行プロセス：モニタ

```
#define N 5                              public up(i)
#define EATING 0                         int i;
#define HUNGRY 1                          {
#define THINKING 2                          state[i]=HUNGRY;
monitor dining_philosophers                 test(i);
{                                           if(state[i]<>)EATING)self[i].wait;
  int state[N];                          }
  condition self[N];   /* 条件変数 */     public down(i)
  int j;                                 int i;
  /* モニタ内だけから呼び出すことが        {
  可能なメソッド */                          state[i]=THINKING;
  private test(i)                           test((i-1) mod N);
  int i;                                    /*(0-1) mod N は 4 とする */
  {                                         test((i+1) mod N);
    if((state[(i-1) mod N]<>EATING)&&    }
       (state[i]==HUNGRY)&&
       (state[(i+1) mod N]<>EATING)){    /* 以下はモニタ定義の際の初期化部分 */
      state[i]=EATING;                      for(j=0; j<N; j++) state[j]=THINKING;
      self[i].signal;
    }                                    }
  }
}
```

/* 共有変数 */
dining_philosophers Fork;

while(TRUE){	while(TRUE){		while(TRUE){
思考中	思考中		思考中
Fork.up(1);	Fork.up(2);	…	Fork.up(5);
食事中	食事中		食事中
Fork.down(1);	Fork.down(2);		Fork.down(5);
}	}		}
哲学者 0	哲学者 1	…	哲学者 4

図 6.9　モニタによる食事をする哲学者問題の解法

であるが，モニタを言語レベルでサポートしている言語が非常に少ない[1].

6.4　事例：Linux における並行プロセス処理

　本章では，疑似コードにより並行プロセス制御について示してきたが，最後に実際のオペレーティングシステムである Linux で利用可能な並行プロセスを制御するための 3 種類の方法（アトミック命令，セマフォ命令，割込み禁止）について解説する．

　ここでは，Linux 上で並行プロセスを制御するために用いられる 3 種類の同期技術を解説する[2].

6.4.1　アトミック命令

　Linux の実行によく用いられる[3]CPU である IA-32 アーキテクチャ（Core などで用いられているもの）はマシン語レベルではすべての命令がアトミック（不可分）命令で

---

1)　Java でモニタがサポートされたことにより，モニタの効用が再認識された．
2)　ここでは簡単のためにシングル CPU システムを想定する．
3)　もちろん Linux はさまざまな CPU 上で動作可能である．

ある．しかし，現状では，プログラミングにはアセンブリ言語を使うことは少なく，多くが C 言語を用いたプログラミングである．その場合，たとえば a ＝ a ＋ 1 や a＋＋などがアトミック命令であるという保証はまったくない．そこで Linux では，アトミックに実行されることを保証した読み込み，変数の更新，書き出し関数を提供する．アトミック命令の一部を表 6.1 に示す．

表 6.1　Linux で用いることができるアトミック操作(一部)

atmic_read(a)	*a (a はポインタ変数)の値を読み込む
atmic_add(a,i)	*a ＝ *a ＋ i
atmic_dec_and_test(a)	*a から 1 を引く．結果が 0 のときには 1 を，それ以外は 0 を関数の値として返す

6.4.2　セマフォア命令

Linux では 2 種類のセマフォア命令が提供されている．カーネル内で用いるカーネルセマフォアと，ユーザが利用可能な UNIX System V の IPC (inter process communication)セマフォアである．ここでは IPC セマフォアについて解説する．

System V IPC セマフォア(以後 IPC セマフォア)は，セマフォア変数と待ち行列を有する単純なセマフォアではなく，一つ以上のセマフォアからなる集合として定義される．セマフォア集合は semid_ds 構造体により管理される(図 6.10)．

図 6.11 に二つのセマフォアをもつ集合の構造例を示す．

IPC セマフォアでは，つぎの三つの関数によりセマフォアを制御する．

① semget 関数　　セマフォアを作成する．

② semop 関数　　セマフォア変数に対する操作を行う．

③ semctl 関数　　セマフォアへの制御(アクセス制限，セマフォアの削除など)を行う．

さらに semop 関数で用いる sembuf 構造体の構造を図 6.12 に示す．

```
struct semid_ds{
  struct ipc_perm sem_perm;    /* セマフォアへのアクセス許可 */
  struct sem    *sem_base;    /* セマフォア集合へのポインタ */
        ushort    sem_nsems;   /* 集合中のセマフォア数 */
        time_t    sem_otime;   /* 最終 semop() 実行時刻 */
        time_t    sem_ctime;   /* 作成時刻 */
};
struct sem{
        ushort    semval;      /* セマフォア値 */
        short     sempid;      /* 最後にアクセスしたプロセス ID*/
        ushort_t semncnt;     /* semval の増加を待つ数 */
        ushort_t semzcnt;     /* semval=0 を待つ数 */
};
```

図 6.10　セマフォアを定義する semid_ds 構造体のプログラム

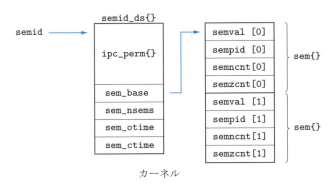

図 6.11 二つのセマフォをもつ semid_ds 構造体

```
struct sembuf{
  ushort    sem_num;   /* 集合内のメンバ数 */
  short     sem_op;    /* 操作（負，0，正）*/
  short     sem_flg;   /* フラグ (IPC_NOWAIT,SEM_UNDO)*/
};
```

図 6.12 sembuf 構造体の定義

sembuf 構造体中 sem_op に正の数が指定された場合の semop 関数は，セマフォ操作における V 命令となり，sem_op で指定した値を，セマフォ値に加算する．また，sem_op に負の数が指定された場合は P 命令に相当し，セマフォ値が sem_op で指定された値以上（すなわち，差分後もセマフォ値が正の数）であればセマフォ値を減らし，そのままプロセスは実行される．もし，セマフォ値が sem_op で指定された値よりも小さい場合は，sem_flg の値に従って動作する．

6.4.3 割込み禁止

実行中のプロセスの停止は，割込み命令によってのみ起こる．したがって，割込みを禁止することにより，プロセスの途中停止を禁止することができるため，複数プロセス間の同期処理が容易に実現可能である[1]．

Linux では，_cli() マクロ命令 (local_irq_disable())[2] により展開される cli 機械語命令により，割込みを禁止することが可能であり，さらに _sti() マクロ命令 (local_irq_enable()) により展開される sti 機械語命令により，割込み禁止を解除することが可能となる．

第 6 章のポイント

1. **モニタ**とは，オブジェクト指向の考え方を排他制御（およびプロセス同期）に適用した解法である．モニタ内には，排他制御の対象となる**リソース**，リソースを操作

---

[1] この仮定は，複数の CPU が存在するコンピュータシステムでは成り立たないことに注意が必要である．
[2] cli() や sti() という名称はインテル社の i386 アセンブリ言語に由来するため，より直感的に理解しやすい名前でも呼び出せるように再定義している．

するための**メソッド**，オブジェクトの実体(インスタンス)を生成する際に実行する**初期化コード**，**終了時コード**が存在する．
2. モニタ内のリソースは，メソッドを介してのみアクセス可能である．また，各モニタのメソッドは排他的に実行される．したがって，プログラマはモニタ内のリソースの排他制御を考慮する必要はない．
3. モニタを用いることにより，セマフォアよりもさらに抽象度が高くできるとともに，デッドロックの可能性のある処理を，コンパイラで実行前にある程度事前に検出することも可能となる．

演習問題

6.1 つぎの文の括弧を埋めよ．

複数のプロセスが，同時に実行されている場合，共通のリソース(たとえば共有変数)にアクセスする場合は(①)が必要となる．また，(①)が必要となる領域のことを(②)とよぶ．(①)の解決方法の代表的な例は(③)である．これは，待ち行列と整数変数をもつデータ構造であり，(④)命令と(⑤)命令により制御する．一般的には，(②)に入る前に(④)命令を，出る前に(⑤)命令を実行する．さらに，より抽象度の高い(①)の方法として(⑥)がある．(⑥)は，(①)の対象となるリソースを(⑦)指向の枠組みで抽象化したモデルである．

6.2 Javaで導入されたモニタモデルについて調べよ．

6.3 インテル社のIA-32アーキテクチャのLockプリフィックスについて調べよ．

COLUMN　CPUとメニーコア

CPUを構成するには大量のトランジスタが必要となる．しかし，半導体集積技術の発展とともに，1970年に比べて2010年では800倍のトランジスタ寸法に微細化さ

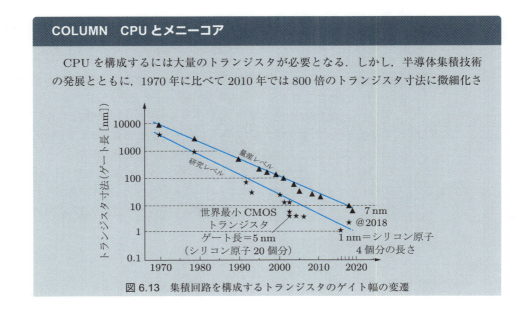

図6.13　集積回路を構成するトランジスタのゲイト幅の変遷

れた(図6.13). つまり, 単位面積あたりのトランジスタ量は800倍の2乗の64万倍となった. このトランジスタの増加によって, CPU に浮動小数点演算回路, MMU, 1次・2次キャッシュ, TLB の大容量化, アウトオブオーダ実行, 投機実行などさまざまな拡張が行われ, 高速化した. しかし, CPU 単体を高速化する革新的なアイデアは限界に近づいているため, 計算能力の向上は限界に達しつつある.

もう一つの計算能力を向上させる手法として, 動作クロックの高速化がある. トランジスタ寸法が微細化するのに比例して CPU のクロック速度が高速化され, 結果として計算能力は向上した. しかし, クロック速度の向上は, CPU 内部で発生する熱の増加につながるため, 2005 年にクロック速度が 3 GHz を超えた時点で, CPU クロックの向上も限界となった(図6.14).

図 6.14 インテル社の CPU のクロック速度向上の変遷

一方, 微細化は止まっておらず, 一つの CPU 内に, さらにたくさんのトランジスタを配置することが可能となった. そこで, 外からみた物理的な一つの CPU の中に複数のミニ CPU (コア)を配置したメニーコア設計が主流となった. たとえば, 2017 年10 月に発表されたインテル社の Core i9-7980XE は一つの CPU の中に 18 個のコアが配置されており, またコアの設計をさらに工夫して同時に二つのプロセスを実行可能とするハイパースレッドを実装しているため, オペレーティングシステム側からみた場合, 36 個の計算ユニット(論理コア)が存在するようにみえる.

このような状況から, オペレーティングシステムの設計も劇的に変化した. 一つは CPU の割り当て対象をプロセスからスレッド(2.5 節)へ移行する変化であり, もう一つは, 入出力における非同期入出力(14.2 節)処理の一般化である. さらに, このあり余る計算資源を生かすために, 仮想計算機(第 15 章)の利用も一般化した.

今後もメニーコア化の流れは変わらないため, オペレーティングシステムやプログラマは, スレッドプログラミングや非同期入出力に習熟する必要性が増すだろう.

第7章

主記憶管理：基礎

keywords

物理アドレス(実アドレス)，論理アドレス，主記憶管理部(MMU)，下限レジスタ機構，記憶領域保護違反，ロック／キー機構

　前章までは，複数のプロセスが同時に実行される環境について説明した．したがって，主記憶も複数のプロセスで共有する必要がある．そこで，第7章から第12章までは主記憶管理について説明する．まず本章では，主記憶管理における基礎を学ぶ．ここで説明する下限レジスタ方式やロック／キー機構は現在ではほとんど利用されていないが，以後に学ぶ管理手法の基礎となっているので重要である．

7.1 主記憶管理の目的

　1次元の物理アドレス空間をもつ主記憶は，図7.1に示すように，複数のユーザプロセスがプログラムおよびデータを格納するために利用しているとともに，オペレーティングシステムも共存している．

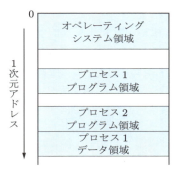

図7.1　1次元の物理アドレス空間をもつ主記憶と複数プロセスでの共有

　この主記憶共有方式は，本書の対象としている利用環境，つまり主記憶内に同時に複数のプログラムが存在するマルチプログラミング方式を実現するうえでは，つぎの二つの問題点がある．

① 主記憶内のデータの保護機能がない．
　　ユーザの作成したプログラムにはバグが多数存在する．さまざまなバグのうちで，たとえば初期化されていないポインタ変数への代入，配列の定義境界を

越えた領域への代入などは，単に自身のプログラムの実行上の問題だけではなく，ほかのプロセスが実行中のプログラムや，さらにはオペレーティングシステムの実行にも影響を及ぼす．とくにオペレーティングシステム領域への書き込みは，瞬時にオペレーティングシステムの停止に繋がり，致命的な結果を及ぼすことになる．

同様に，マルチプログラミング方式では，自プロセスが管理する主記憶領域の内容（プログラム，データ）が，ほかのプロセスにより改変され，結果として，自プロセスの実行に異常が発生することも考えられる．他プロセスが原因となるこのようなプロセス実行異常の発見は非常に困難であり，プロセス実行の安定性に重大な悪影響を及ぼすことになる．また，自身のプログラムのバグにより，たとえ自身のデータ領域であっても意図しない領域を書き換える可能性もある（定義していない配列領域へのアクセスなど）．

したがって，各プロセスに与えた主記憶領域を保護するために，ほかのプロセスから意図しない書き換えや読み出しを防ぐ機能，自プロセスの実行による自プログラム領域やデータ領域の書き換えに対する保護，および警告機能が必要となる．

② プロセスが使用できるメモリ量は，主記憶の大きさに制限される．

オペレーティングシステムの基本的な目標はリソースの仮想化である．CPUの仮想化の場合，たとえ物理的なCPUの数が一つであっても，オペレーティングシステムは，プロセスに占有可能な仮想的なCPUを提供した．したがって，主記憶管理においても，オペレーティングシステムは，主記憶の物理的な大きさに関係なく，プロセスが必要とする量のメモリを，プロセスに提供できるほうが望ましい．

図 7.2 に，主記憶の仮想化を目的とした主記憶管理方式の概略を示す．プロセスからみた場合，オペレーティングシステムや各プロセスが主記憶上の **物理アドレス空間**（実アドレス空間）ではなく，独立の **論理アドレス空間** をもつことが重要となる．

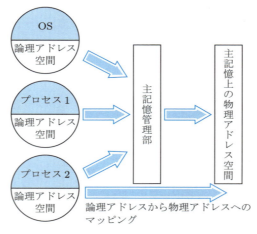

図 7.2　主記憶管理方式の概略

7.1 主記憶管理の目的 79

各プロセスごとに独立した論理アドレスを与えるためには，各プロセスごとの論理アドレス空間を1次元アドレスで表現されている主記憶上の物理アドレス空間（実アドレス空間）へ変換（マッピング）する必要がある．この変換は**主記憶管理部**（memory management unit：**MMU**）とよばれるハードウェアにより行われる．

理想的な論理アドレス空間がもつべき条件をつぎに示す．

① 大きさが無制限である．

　プロセスごとに確保できるメモリ量に制限があると，ユーザは本来の目的とするプログラムの記述以外にも，限られたデータ領域をやりくりする余計なプログラム記述が必要となり，結果的にプログラムのバグが発生しやすくなる．

② プロセスごとに固有の空間をつくり，ほかのプロセスからのアクセスから守る．

　マルチプログラミング環境においては，ほかのプロセスの実行が自プロセスの実行に影響を与えることは致命的である．したがって，論理アドレス空間はプロセスごとに固有であり，かつ，ほかのプロセスのアクセスから保護されるべきである．

③ プログラム部，データ部，スタック部などが分離する．

　各プロセスで用いるアドレスは，一つの1次元アドレス空間よりも，用途が分かれた複数の1次元アドレス空間（多次元アドレス空間）を利用できることがプログラム作成の容易性やアクセス保護の面からも重要である．たとえば，プログラム領域を書き込み不可能なアドレス空間と設定することにより，実行時のバグによるプログラム領域の破壊を防ぐことが可能となる．

④ 必要時には，プロセス間でアドレスを共有する．

　第4～6章の並行プロセスで説明したように，複数のプロセスを協調させるときには，お互いのプログラムの通信機構が必要である．オペレーティングシステムにおいてはさまざまな通信機構が存在するが，一番単純かつ高速な通信機構として共有メモリがある．つまり，複数のプロセスでアドレス空間の一部を共有し，お互いのプロセスがそのアドレス空間への参照，書き込みを可能とすることにより通信を行う手段である．共有メモリによる通信は，実質的にプロセス間で，データを転送することが必要ないため非常に高速である．

7.1.1 変数名によるアクセスと主記憶上アドレスによるアクセス

　一般に，C言語やPASCALなどの高級言語でプログラムを記述する場合，論理アドレスや物理アドレスはまったく意識しない．しかし，図7.3に示すように，そこには複数のアドレス変換器（マッパー）が存在する．変換関数としては，プログラム中に定義された変数，定数などの識別子を論理アドレスに変換する**ネーミング関数**，さらに，論理アドレスから物理アドレスに変換する**メモリ関数**，最後に物理アドレスからメモリに格納された内容に変換する**内容関数**の三つがある．

　コンパイル型言語の場合，ネーミング関数はコンパイルおよびリンク時に実行されるため，プログラムの実行時のオーバーヘッドとはならない．メモリ関数はオペレーティングシステムにより実行時に行われるため，この関数を実行する際のオーバー

図 7.3　メモリアクセス時のさまざまな変換関数

ヘッドは，プログラム実行時の性能に大きな影響を及ぼす．また，内容関数も同様にプログラム実行時に実行されるため，メモリ関数同様オーバーヘッドの削減が重要であるが，内容関数の実行方式は計算機アーキテクチャにかかわる問題なので本書では扱わない．

　汎用計算機でのプログラム実行は，プログラムの1ステップ実行ごとにメモリ関数と内容関数を繰り返す．現在の計算機が1命令を実行する速度は 10^{-9} 秒程度と非常に高速であるため，メモリ関数と内容関数の高速実行はシステム性能向上の重要な要素である．したがって，メモリ関数の設計指針としてつぎの点に注意する必要がある．

　① 論理アドレスから物理アドレスへの変換のオーバーヘッドが少ないこと．
　② ハードウェアが複雑にならないこと．
　③ プログラマ（またはコンパイラ）にとって使いやすい論理アドレス空間を提供すること．

7.2　下限レジスタ機構

　オペレーティングシステム実行中にもっとも避けなければならないことは，ユーザプログラムがオペレーティングシステム領域を破壊することである．オペレーティングシステム領域の破壊は，すぐさまシステム停止に繋がる．ユーザプログラムによるオペレーティングシステム領域の破壊を防ぐためのもっとも簡単な方法として，**下限レジスタ機構**がある．通常，オペレーティングシステムの実行は，CPU内においてはスーパーバイザモードで実行され，ユーザプログラムはユーザモードで実行される．

　そこで，主記憶上のオペレーティングシステム領域とユーザ領域を下限レジスタの示す境界で分離し，ユーザ領域からオペレーティングシステム領域へのアクセスを禁止することにより，ユーザが作成したプログラムによるオペレーティングシステム領域の破壊を防ぐことが可能となる（図 7.4）．

　下限レジスタ機構によるメモリアクセス方式を図 7.5 に示す．まず，プログラムが参照するメモリアドレスが，アドレスレジスタに格納される．もし，現在実行中のプログラムがユーザモードで実行時（通常 PSW 内のフラグレジスタにプログラムの実行モードがセットされる），アドレスレジスタの値と，下限レジスタにセットされた値が比較され，もしアドレスレジスタ値が下限レジスタ値より低い場合は，本来禁止されたユーザプログラムからオペレーティングシステム領域へのアクセス要求である

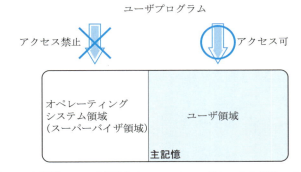

図 7.4 主記憶のユーザ領域とオペレーティングシステム領域への分割

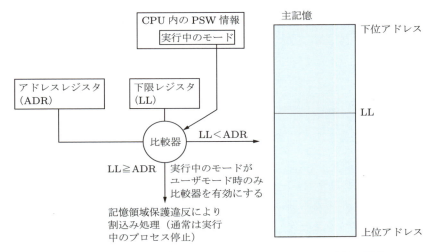

図 7.5 下限レジスタ機構によるオペレーティングシステム領域の保護

ため，記憶領域保護違反により，割込み処理が開始され，適切な処理（たとえばユーザプログラム停止）が行われる．一方，スーパーバイザモードで実行中のオペレーティングシステムは，主記憶のすべての領域がアクセス可能である．

7.3 ロック／キー機構

　下限レジスタ機構では，下限レジスタが示す一つの境界によって区切られる二つの領域間でのみアクセス権の設定が可能であった．しかし，主記憶上の任意かつ複数のアドレス境界で，任意のプロセスに対してアクセス権が設定できることが望ましい．
　この条件を実現するために，ロック／キー機構が提案された．**ロック／キー機構**は，プログラムがアドレスレジスタで指定したアドレスを，主記憶管理部側で上位部と下位部に分けて考えることが特徴である（図 7.6 左上）．
　この分割により，主記憶は，アドレス上位部が同一値である部分領域ごとのブロックに仮想的に分割される．分割されたアドレス中の上位部はキー部とよばれ，キー部

第7章 主記憶管理：基礎

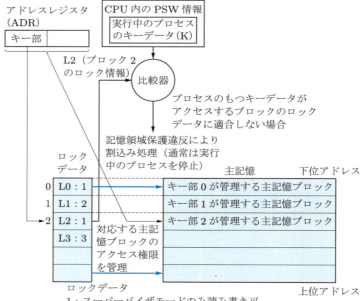

図 7.6 ロック／キー機構による領域保護

の内容はオペレーティングシステムが管理するロックデータ配列の添字値(インデックス値)となる．ロックデータ配列には，キー部に対応する主記憶ブロックの保護データ(ロックデータ)が格納されている．

キー部の内容が2の場合は，ロックデータ配列の添字2の領域の内容が，主記憶ブロック2のロックデータとなる．図7.6の場合は1がロックデータであり，主記憶ブロック2は，スーパーバイザモードのみ読み書き可能のアクセス権(ロックデータ)を有する．一方，プロセス内のPSWには，現在実行中のプロセスの主記憶に対するアクセス権限が格納されている．

このロックデータとプロセスがもつPSW内のキーデータとを比較し，適合した場合(キーデータとロックデータの一致など)に，ロック部が管理する主記憶ブロックへのアクセスが許可される．また，適合しない場合は，記憶領域保護違反で割込みが発生する．

ロック／キー機構は，アドレスを論理的に上位と下位に分け，上位部(キー部)の内容を単に主記憶を示すアドレスだけでなく，主記憶ブロックへのアクセス権が格納されているロックデータ配列の添字値，すなわちポインタ情報として用いたところが重要であり，これは今後の主記憶管理手法の重要なアイデアとなる．

演習問題　83

第7章のポイント

1. **主記憶管理**の目的は，ユーザに独立した仮想アドレス空間を提供することである．理想的な仮想アドレス空間のもつべき特徴としては，大きさ無制限，プロセスごとに固有，プロセス間で主記憶空間を共有可，プログラム部，データ部，スタック部など複数の1次元アドレスがある．

2. **下限レジスタ機構**は，ユーザ領域とオペレーティングシステム領域を下限レジスタが示す位置で分離し，CPUの実行モード(ユーザモードもしくはスーパーバイザモード)により，オペレーティングシステム領域へのアクセスを制限する基本的なしくみである．

3. **ロック／キー機構**は，アドレスを論理的に上位と下位に分け，上位部の内容を主記憶を示すアドレスとしてだけでなく，主記憶ブロックへのアクセス権が格納されているロックデータ配列への添字(ポインタ情報)として用いる．この考え方は，ページング，セグメンテーション(第9, 10章参照)によるメモリ管理の基礎である．

演習問題

7.1 つぎの文の括弧内を埋めよ．

主記憶管理の目的の一つに，主記憶のアクセス権の設定がある．簡単な例としてオペレーティングシステム領域とユーザ領域を分離して，(　①　)で実行中のプロセスはオペレーティングシステム領域にアクセスできないようにする(　②　)機構がある．これは実行中のプロセスが，(　③　)か(　①　)かのどちらで実行中かを判別し，(　①　)のときは下限レジスタより下のアドレスをアクセスした場合に，記憶領域保護違反による(　④　)を行う方式である．

7.2 理想的な論理アドレス空間のもつべき条件を挙げよ．

7.3 UNIX がシステムとして提供する関数群には，システムコールとライブラリ関数の2種類がある．この違いについて調べよ．

第8章

主記憶管理：領域割り当て

keywords

固定区画方式，可変区画方式，メモリフラグメンテーション，メモリコンパクション，共有ライブラリ，リエントラント性，ダイナミックリンク，リロケータブル，オーバーレイ

　複数のプロセスがさまざまな大きさの主記憶領域を任意の時刻に要求するため，何らかの割り当てルールが必要である．そこで，本章では主記憶の割り当て方式について説明する．オペレーティングシステムにおける領域の割り当ては，第13，14章のファイルにおける2次記憶の割り当てにも通じる．最後に説明するオーバレイは現在では古典的な技術であるが，派生技術がいまでも用いられている重要な技術である．

8.1 プログラムの主記憶領域確保

　プログラムを実行するためには，まず2次記憶装置（主にハードディスク装置）から主記憶にプログラムを転送するとともに，プログラムを実行する際に必要となる主記憶領域を確保する必要がある．マルチプログラミングを前提としたオペレーティングシステムでは，主記憶領域も共用する必要があるため，主記憶領域の確保はほかのプロセスと協調して行う必要がある．

　一般に，プログラムが主記憶領域を要求するタイミングは，つぎの二つがある．

　　① プログラムの実行開始時にプログラムおよびデータを転送するために必要な領域を確保する時点（**静的な領域要求**）．

　　② プログラムの実行中に必要となったメモリを確保する時点（**動的な領域要求**）．

　はじめに，①の場合について説明する．

　複数のプロセスがさまざまな大きさの主記憶領域を任意の時刻に要求するため，何らかの割り当てルールが必要となることは明らかである．まず考えられる方式として，プロセスごとにあらかじめ決められた同じ大きさの領域を割り当てておく方式が考えられる．この方式を**固定区画方式**とよぶ．この方式の特徴は，新しいプロセスの生成時に，領域を割り当てるコストが非常に少ない（選択の幅がない）ということである．この方式は，小規模の主記憶領域しか必要としないプロセスにとっては，利用しない領域まで割り当ての対象となり，結果としてオペレーティングシステム全体で考えた場合の主記憶領域の使用効率が低下するという欠点がある．

　一方，実行時にプロセスが必要な主記憶領域を必要な分だけ要求する方式を**可変区**

図 8.1 可変区画方式による領域割り当てにおけるメモリフラグメンテーション

画方式とよぶ．この方式は，実行時にプロセスが要求した分だけ任意の大きさの領域を確保する方式である．この方式では，図 8.1 (a)に示すように，各プロセスに必要なだけメモリを確保するので，無駄な空き領域は発生しないように思える．しかし，プロセスの生成と消滅を繰り返した場合，図(b)に示すようにさまざまな大きさの空き領域が発生する．したがって，可変区画方式の場合，新しいプロセスが要求する大きさに合う空き領域を探すコストがかかる．さらに重大な問題として，図(c)に示すように，新しく主記憶領域を要求するプロセスが使えない小さな空き領域が残ってしまう現象が発生する．このように，プロセスが使えない大量の領域が残ってしまう現象を，**メモリの断片化(メモリフラグメンテーション)** とよぶ[1]．

実際，プロセスが生成と消滅を繰り返す統計的平衡状態での解析では，使用中のメモリ領域の数の半分もの領域が空き領域として存在してしまう **1/2 ルール** とよばれる現象が指摘されている(8.1 節末「PLUS 可変区画方式を用いた場合の使用，未使用の領域数の統計的解析」参照)．

フラグメンテーションを解決するためには，空き領域を詰める必要がある．空き領域を詰めて細かな領域をなくすためには，メモリを確保しているプロセスの実行を止めた後に，断片化した領域を一つの連続した領域にまとめる必要がある．この方法を **メモリコンパクション** とよぶ．しかし，メモリコンパクションを実行するためには，プロセスの実行を一時的に止める必要があり，さまざまなプロセスが実行中のオペレーティングシステムでは，現実的には困難な場合が多い．

8.1.1 可変区画方式における空き領域管理

可変区画方式では，大きさの異なるさまざまな空き領域が発生する．したがって，オペレーティングシステムは空き領域を管理し，プロセスからの空き領域の要求に対して，適切な割り当て処理を行う必要がある．領域の割り当て方式としてつぎの方法がある．

① **ベストフィット方式** プロセスからの要求領域を探索する際，領域を割り当てた後の残り領域が一番少ない空き領域を割り当てる方式．

---

[1] 後述する内部断片化と区別する意味で，外部断片化(外部フラグメンテーション)とよぶことも多い．

86　第 8 章　主記憶管理：領域割り当て

② **ファーストフィット方式**　空き領域探索時に最初にみつかったプロセスからのメモリ要求領域を格納するのに十分な空き領域を割り当てる方式.

③ **ワーストフィット方式**　ベストフィットと逆に，プロセスからの要求領域を探索する際，領域を割り当てた後の残り領域が一番大きい空き領域を割り当てる方式.

ベストフィット方式が，一番効率的であるように思える．しかし，探索方法によっては，空き領域探索で時間的なコストが高くなってしまう場合もある．さらに，割り当て後に，残った小さな空き領域が新しいプロセスからのメモリ要求サイズより小さくなりすぎ，使えない領域として残ってしまう.

一方，ファーストフィット方式は，空き領域を最後まで探索する必要がないため，探索が高速である．さらに，アドレスの下位から順次検索していく検索方式の場合は，アドレスの上位に比較的大きな空き領域が残りやすくなり，大きな領域を要求するプロセスの要求にも答えることが可能となる

ワーストフィット方式は，空き領域の大きさが均一化する特性がある．したがって，大きな領域を確保できず，主記憶の利用効率が悪くなる[1].

空き領域管理方法は，つぎの特性に注意する必要がある.

① 空き領域の数は常時増減する.

② プログラムは頻繁に主記憶領域の要求の解放を行う．したがって，コンピュータシステムの性能向上のため，空き領域の高速な検索が重要となる.

8.1.2　リスト方式による空き領域管理

リスト方式による空き領域管理とは，図 8.2 に示すように，主記憶上の空き領域の先頭アドレス(位置)，大きさ，および次情報へのポインタの三つの情報を格納した構造体を用いて，それぞれの構造体をポインタで結んだ構造により空き領域情報を管理する方式である．リスト方式では，新しい空き領域情報を追加する際に，アドレス順(昇順)に挿入する方式と，大きさ順(昇順)に挿入する方式が考えられる.

新しい空き領域情報を空き領域の先頭アドレス順で挿入した場合，空き領域リストは主記憶上の空き領域の先頭アドレス順にソートされた構造となる．したがって，空き領域を探索する際には，リストの先頭から探索することにより，結果としてアドレス順に検索可能である．つまり，最初に条件を満たす空き領域を選択することにより，ファーストフィット方式が実現できる．また，大きさ順で挿入した場合には，プロセスが要求した領域に最適な(割り当て後の空き領域の大きさが最小となる)領域を選択可能なベストフィット方式が実現できる.

一方，リスト方式にはデータ構造としてのリスト構造が本来もつ欠点がある．それ

---

1)　これらの結果は，解析的に導出することは困難であるため，通常，コンピュータシミュレーションによる統計的な手法により，それぞれの方式の特性を解析する．一般に，複雑かつ大量のパラメータが存在するオペレーティングシステムのチューニングにおいては，解析的な最適解や最適アルゴリズムをみつけることは困難であり，同様の状態をコンピュータ内に作り出して，最適化するコンピュータシミュレーション手法がよく用いられる.

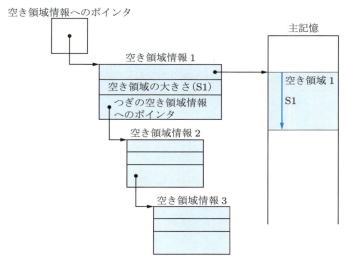

図 8.2 リスト方式による空き領域管理

は，リスト構造では，空き領域情報を格納する領域の追加，削除は少ないコストで可能であるが，検索時はリストの先頭から順にたどっていく必要があるため，一般的に検索時における情報へのアクセスのコストは高いということである．

8.1.3 ビットマップ方式による空き領域管理

リスト構造と同様に代表的なデータ構造である配列構造は，リスト構造にみられるような任意のセルへのアクセスにリストの先頭からたどる必要はなく，配列に対して添字を指定することにより，それぞれの配列要素に直接参照が可能である．ビットマップ方式は，空き領域の管理に配列を用い，それぞれの配列要素が，ブロックに分けた主記憶領域の利用状態を管理する方式である（図 8.3）．ある主記憶上のブロックが使用中の場合は，そのブロックの状態を表す配列要素（ビットマップ）に 1 を，未使用の場合は 0 をセットすることにより，利用状態の管理を行う．

プロセスが必要とする大きさの連続した空き領域をみつけるためには，空き領域を表す配列中に 0 が格納された連結領域を探す操作を行う．この方式は，配列を用いる

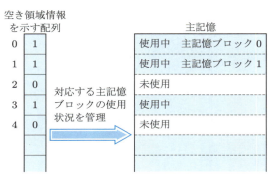

図 8.3 ビットマップ方式による空き領域管理

88　第 8 章　主記憶管理：領域割り当て

ため，ビットマップの各要素自体へのアクセスは高速となる．しかし，空き領域発見のコストは必ずしも低くなるとは限らない．

PLUS　可変区画方式を用いた場合の使用，未使用の領域数の統計的解析

図 8.4 に，主記憶上にロードされた領域の大きさとその位置の例を示す．図に示すとおり，主記憶上の領域は，その領域と両隣の領域との関係において表 8.1 に示す 3 種類の関係が存在する．

さらに N を使用中の領域総数，N_A, N_B, N_C をそれぞれ各領域種別の総数，M を空き領域総数とした場合は次式が成立する．

$$N = N_A + N_B + N_C \tag{8.1}$$

$$M = \frac{2N_A + N_B + \epsilon}{2} \tag{8.2}$$

$$（ただし，\epsilon = 0, 1, 2）$$

主記憶
B
空き
B
C
B
空き
A
空き
B

図 8.4　メモリ利用状況の三状態

表 8.1

領域の種別	両隣の状態	当該領域の解放による空き領域数の増減
A	両隣とも空き領域	-1
B	片隣が空き領域	0
C	両隣ともほかのプロセスが使用中	$+1$

式 (8.2) の M と N_A, N_B, N_C の関係式は，それぞれ N_A, N_B の両端に位置する空き領域を足し，さらに重複分である 2 で割ることにより算出した．また，ϵ は主記憶の最上位，最下位の領域の種別による境界条件であるが，以後 $\epsilon = 0$ と考える．

ここで，オペレーティングシステムが定常状態になったと仮定する．定常状態では，空き領域 M と使用中の領域 N の比率は固定と考えることができる（もし固定でなければ，最終的には空き領域が無限大，もしくは 0 となってしまう）．したがって，つぎの式が成立する．なお，P_s, P_e はそれぞれプロセスの生成確率，終了確率を，また P は新しく発生したプロセスが要求する領域の大きさに，ちょうど合致する空き領域がみつからない確率を表す．

$$M の増加 = N_C P_e \tag{8.3}$$

$$M の減少 = N_A P_e + N P_s (1 - P) \tag{8.4}$$

M の増加は，種別 C の領域を確保したプロセスの終了によってのみ起こり，M の減少は，種別 A の領域を確保したプロセスの終了と新しく発生したプロセスの要求する領域が，空き領域とちょうど同じになったときに発生する[1]．

---

1)　プロセスの生成個数は実行中の総プロセス数に生成確率 P_s をかけたものと近似する．

平衡状態では式(8.3), (8.4)は等しくなければならないし, またプロセスの生成確率, 終了確率も同じでなければならない. したがって, 式(8.3) = 式(8.4)が成立し,

$$N_C = N_A + N(1 - P) \tag{8.5}$$

が導出できる. 式(8.5)と式(8.1)の左辺, 右辺どうしを加算することにより, つぎの関係を導き出すことができる.

$$PN = 2N_A + N_B \tag{8.6}$$

さらに, 式(8.6)を式(8.2)に代入することにより, 次式となる.

$$M = \frac{PN}{2} \quad (ただし, \epsilon \approx 0) \tag{8.7}$$

新しく発生したプロセスが要求する領域と同じ空き領域がない確率は, ほぼ1と近似することができる. したがって, 最終的に式(8.7)は

$$M = \frac{N}{2} \tag{8.8}$$

と変形できる. つまり, 統計的にシステムの平衡状態では, 空き領域の数は使用中の領域数の50%も存在する. この空き領域に関する統計的事実は, 1/2ルールとよばれる. この主な原因は, P が1に近似可能であることに注意が必要である.

8.2 プログラムのロードと領域の再配置

C言語やFORTRANなどの一般的な高級言語における, プログラム記述から実行までの流れを図8.5に示す. 図に示すとおり, 通常はリンケージエディタにおいてユーザがプログラム中に使ったライブラリ関数を結合し, 即時実行可能形式(**ロードモジュール**)として, ファイルに格納されるとともに, 実行時にはこのイメージのまま主記憶にロードされる.

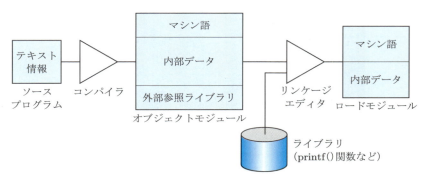

図 8.5 実行形式の作成とライブラリの結合

90 第8章 主記憶管理：領域割り当て

マルチプログラミング環境においては，さまざまなプログラムが主記憶にロードされる．しかし，実行中のさまざまなプログラムにおいて，たとえばマルチウィンドウ用関数，入出力用関数(C言語の場合は printf() 関数など)など，ほとんどすべてのプログラムで必要な共通関数が数多く存在する．あるプログラムを実行する時点で主記憶内にロードされたさまざまな関数が，ほかのプログラムからも共有可能であった場合には，同じ関数は主記憶上に一つだけ存在すればよいことになり，主記憶の効率的な利用が実現できる．このように主記憶内にロードされた複数のプログラムから共有可能なライブラリを，**共有ライブラリ**とよぶ．

8.2.1 リエントラント性

複数のプログラム間で同一関数を共有するには，あるプログラムがその関数を実行中に中断(プリエンプション)された後，ほかのプログラムが同一関数を実行した後であっても，中断直後の状態から同一関数を再開できる必要がある．

複数のプログラムが主記憶上にロードされた関数を同時に利用可能な性質を，**リエントラント性(再入可能性)**とよぶ．

呼び出された関数内で定義されたローカル変数は，関数ごとに独自の領域(スタック領域)をもつため，プリエンプション発生後，ほかのプログラムが同一関数を実行したとしても，独立したスタック内に保存された中間状態は保存される．また，関数の引数は関数の外部で領域が確保されるため，同様に保存される．図8.6に例を示す．関数 reentrant() は引数である i と，スタック内に保存される変数 j のみが5行目で用いられているだけであるため，プリエンプション後の再開は可能である．ところが not_reentrant() の場合は，これらに加えて，9行目に静的(static)な変数，また11行目にグローバル変数として定義された global_val に代入操作を行っているため，リエントラントな関数ではない．

また，主記憶内にすでにロードされている関数の同時実行が可能となるためには，リンケージエディタで未定義の関数をすべて結合した即時実行可能形式を用いることはできない．なぜなら即時実行可能形式の場合は，主記憶内にすでに関数がロードさ

```
1   int global_val;              /* グローバル変数として定義 */
2   int reentrant(int i)         /* リエントラントな関数 */
3   {
4     int j;                     /* ローカル変数 */
      中略
5     j=i*10;                    /* ローカル変数(auto変数)への代入⇒リエントラント */
6   }
7   int not_reentrant(int i)     /* リエントラントでない関数 */
8   {
9     static int j;              /* static宣言 */
      中略
10    j=i*10;                    /* static宣言された変数への代入⇒非リエントラント */
11    global_val=i*20;           /* グローバル変数への代入⇒非リエントラント */
12  }
```

図8.6 リエントラントな関数とリエントラントでない関数

れているかいないかにかかわらず，すべての関数が結合された形で 2 次記憶内に保存されているためである．関数を共有するためには，プログラムを実行する前に，まず自分のプログラムで必要なライブラリ関数がすでに主記憶内にロードされているかを確認し，ロード済みの関数を利用するために，ロード済みの関数のアドレスを参照するようにリンク操作を行い，つぎにロードされていない関数のみを主記憶にロードし，リンク操作後，実行する操作が必要となる．このように，コンパイル時にリンク操作まで行うのではなく，実行時にリンク操作を行う方式を**実行時結合（ダイナミックリンク）**とよぶ．

　プログラム本体が，主記憶上の任意の位置に配置（ロード）されても実行可能であることも重要である．このような性質を**リロケータブル（再配置可能）**とよぶ．この場合，プログラム内のすべてのアドレス指定が，プログラムの先頭アドレスからの相対位置で表現されている必要がある．

COLUMN　ダイナミックリンクと 2 次記憶資源

　ダイナミックリンクの効用として，リエントラント性の確保以外に 2 次記憶（ハードディスク装置）の効率的な利用がある．現在は，複雑な GUI（グラフィカルユーザインターフェース）をもつウィンドウシステムが全盛である．したがって，非常に単純なプログラム（プログラムの本体が数 KB にも満たない）でも，ウィンドウシステムを介した入出力を行うためには，ダイナミックリンクの機能がない場合，ウィンドウライブラリをすべて結合した実行形式を作成する必要がある．その場合，実行形式が数 MB から数十 MB にもなり，ハードディスクリソースを圧迫するのは明らかである．

　1988 年に発表されたサン・マイクロシステムズ社の SUN OS4.0 は，UNIX で初めてダイナミックリンクを実現したが，SUN OS 4.0 ではライブラリのリエントラント性は実現できておらず，ダイナミックリンク導入の目的はもっぱら 2 次記憶資源の有効利用であった．ダイナミックリンク導入前は，その当時標準的なディスク容量であった 100 MB 程度のハードディスクに，平均 1 MB 程度の実行形式プログラムを保存する必要があり，ダイナミックリンクの導入が望まれていた．

　また，ダイナミックリンクは，プログラムの保守上のメリットもある．たとえば，ライブラリの一部にセキュリティ上の問題があり，更新が必要となった場合を考える．ダイナミックリンクを用いていない場合，このライブラリを用いるすべてのプログラムの再リンクが必要となる．ところが，ダイナミックリンクを用いると，このライブラリのみを更新することにより，このライブラリを必要とするすべてのプログラムが更新されたことになる．実際，マイクロソフト社の Windows では DLL とよばれるダイナミックリンクライブラリが採用され，毎月の Windows Update 時には，セキュリティ上問題のある DLL のみが更新される．

8.3 オーバーレイ

　理想的な論理アドレス空間の条件の一つに，物理的な主記憶に大きさが制限されないという条件がある．したがって，主記憶を時間的に共有する必要がある．プログラム内蔵型計算機[1]の場合，プログラムの実行にはプログラムカウンタの示す位置にあるプログラムのみしか必要としない．つまり，現在実行していないプログラムを 2 次記憶に配置し，実際に実行する時点で主記憶にロードすればよいことになる．

　この考えを主記憶管理に導入した方式を**オーバーレイ**とよぶ．高級言語では，プログラムが関数を単位として構造化される（図 8.7）．したがって，たとえば関数 C を実行する際には，関数 C と関数 C を呼び出した main 関数だけが，また関数 F の実行中には，関数 F とその呼び出し関数である関数 C のみが，それぞれ主記憶に存在するように制御すればよい．なお，オーバーレイでは，それぞれの関数の主記憶への転送制御はプログラム側（ユーザ側）で行う必要があるため，プログラム作成時にはプログラマに余計なコストがかかる．

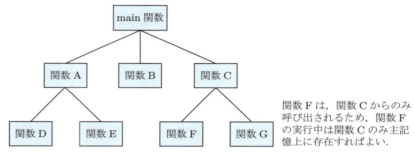

図 8.7　オーバーレイに必要な関数の依存木

第 8 章のポイント

1. マルチプログラミング環境では，プログラムの発生，消滅が頻繁に起こるため，プログラム（およびデータ）を格納する領域を管理する方式が重要となる．
2. メモリの割り当て方式には，あらかじめ決められたシステムで決めた大きさの領域をすべてのプロセスに平等に割り当てる**固定区画方式**と，プロセスが要求する大きさの領域を与える**可変区画方式**がある．
3. 可変区画方式において，もし適切な管理を行わないと，プロセスが使えない断片的なメモリ領域が数多く発生する**メモリフラグメンテーション**が起こる．
4. 空き領域を管理する方法として，リストデータ構造を用いる**リスト方式**と，配列を用いる**ビットマップ方式**がある．また，割り当て方式として，**ベストフィット方式**，**ファーストフィット方式**，**ワーストフィット方式**がある．

---
[1] プログラムをデータとして主記憶に格納し，プログラムカウンタが示す位置のデータをプログラムと見なして読み込み実行する方式．

5. マルチプログラミング環境では，主記憶を効率よく利用するために，複数のプログラムが，主記憶中にロードされたライブラリを共有できる**共有ライブラリ**が有効な手法である．共有ライブラリを実現するためには，プログラムのリエントラント性，およびプログラムの実行時にライブラリを結合する**ダイナミックリンク**が必要である．

6. プログラマが明示的にプログラムの主記憶へのロードを管理し，現在実行している部分のみを主記憶にロードすることにより，プログラムの実行に必要な主記憶量を低減する方法を**オーバーレイ**とよぶ．

演習問題

8.1 つぎの文の括弧を埋めよ．

マルチプログラミング環境においては，複数のプロセスが同じライブラリを実行時に共有することにより，実行に必要なメモリ領域を削減することができる．この方式を（ ① ）とよぶ．（ ① ）を実現するためには，共有するプログラムが（ ② ）である必要がある．

各プロセスが実行時に動的に，かつ自由な大きさでメモリを要求した場合，使用中の領域数を n 個とすると，（ ③ ）個の空き領域が存在することになる．これは空き領域がバラバラに点在する状態を示す（ ④ ）が原因であり，これを解決する方法の一つに，実行中にメモリをまとめる（ ⑤ ）がある．

8.2 つぎの条件のうち，プログラム（C言語を想定）のリエントラント性が失われる場合を選べ．

① すべての関数呼び出しの引数を，参照呼び出しとする．

② 関数内で用いる変数の一部を static 宣言する．

③ 固定されたメモリ領域を参照する．

④ 関数呼び出しの際，スタックを用いた引数の受け渡しを行う．

8.3 プログラム内蔵型計算機において，オーバーレイが有効なのはなぜかを答えよ．

第9章

主記憶管理：ページング

keywords
仮想記憶，スワップイン，スワップアウト，V フラグ，P フラグ，C フラグ，ページの
動的再配置，内部フラグメンテーション，TLB

　　主記憶管理の現在の主流は，ロック／キー機構を基本的アイデアとし，動的再配置
機能を加えたページングである．本章では，そのページングについて，問題点と解決
策も含めて説明する．ページの動的再配置の利点と欠点については正しく理解してお
くことが重要である．また，欠点に対する対策への理解も重要である．

9.1 主記憶の動的再配置

　　第 2，3 章の CPU の仮想化で説明したように，有限のリソースを無限にみせる方法
として，時分割と空間分割がある．8.3 節で説明したオーバーレイでは，ユーザの責任
で関数単位に主記憶にロードする制御を行うことにより，主記憶の時分割を行った．
　　この考え方を一般化した手法が主記憶の動的再配置である．主記憶の動的再配置と
は，現在実行中のプログラムカウンタ近傍のプログラム領域，および直近にアクセス
したデータ領域のみを主記憶内に配置し，それ以外の領域は，主記憶に比べて非常に
安価な記憶媒体である 2 次記憶装置（ハードディスク）に配置する時分割の手法である．
このような考え方で，プロセスの用いることができるメモリ資源を無限大[1]にする方
式を**仮想記憶**とよび，記憶容量の大きさに制限のない論理アドレスを**仮想アドレス**と
よぶ．時分割による仮想記憶の実現方法を図 9.1 に示す．仮想記憶の実現には，つぎ
の操作が必要となる．

　　① **スワップイン**　　実行中のプログラムがある時点で必要となる領域（プログラ
　　　ム領域とデータ領域）を，2 次記憶から主記憶上に転送する操作．

　　② **スワップアウト**　　スワップイン時にディスクから主記憶上に転送する領域
　　　を確保するために，現在実行中のプログラムで必要としない領域を主記憶から 2
　　　次記憶に転送する操作．

　　プロセスがアクセスを要求する物理アドレスに，現在必要とされる領域がスワップ
インされるわけではない．したがって，オペレーティングシステムは，プロセスの必
要とする領域が主記憶上のどの領域にスワップインされても，プログラムからは同一

---

1)　実際には，アドレスレジスタのビット長の制限，ハードディスク容量の制限が存在する．

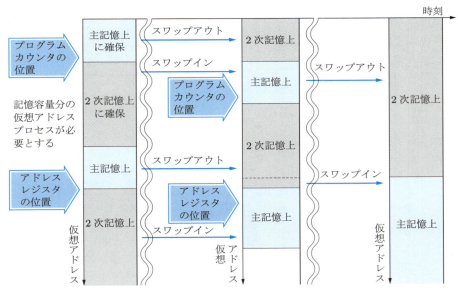

図 9.1 時分割による仮想記憶方式

の仮想アドレスとしてアクセスできる枠組みを提供する必要がある．

9.2 ページング

　　ページングは，ロック／キー機構に動的再配置機能を加えた方式である．まず，仮想アドレスを，上位ビットのページ番号部 p，下位アドレスのオフセット部 ω に分割する（この分割はあくまでも，主記憶管理プログラムの管理用に分割するだけであり，プログラム側からは，一つの 1 次元アドレス空間が存在するのみである）．

　　図 9.2 に示すように，仮想アドレスの上位部のページ番号 p は，主記憶管理プログラムのマッピング機能により，主記憶上の物理アドレス上位部を示すページフレーム番号 f に変換される．このように，アドレスを上位部と下位部に分割することにより，仮想アドレスは複数の**ページ**とよばれるブロックに，また物理アドレスは**ページフレーム**とよばれるブロック単位に分割される．なお，ページは主記憶上のページフレームのみにマッピングされるのではなく，2 次記憶上の領域にもマッピングされる．したがって，ページフレーム数 m に対して，プログラムの用いることのできるページ数 n を，十分大きくすることが原理上可能であるため，プログラムの利用できるページ数に制限をなくすことができ，仮想記憶が実現可能となる．

　　ページ番号からページフレーム番号へのマッピングを行うテーブルを，**ページテーブル**とよぶ．図 9.3 にページテーブルを用いた変換方式を示す．仮想アドレスは通常プロセスごとに独立して存在する多重仮想記憶として実装される[1]．したがって，ペー

---

[1] システム全体で一つの仮想アドレス空間を共有する方式は，**単一仮想記憶**とよばれる．この方式は，実装は簡単であるが，自プロセスに割り当てられたアドレス空間をほかのプロセスから保護することが困難である．

96   第9章　主記憶管理：ページング

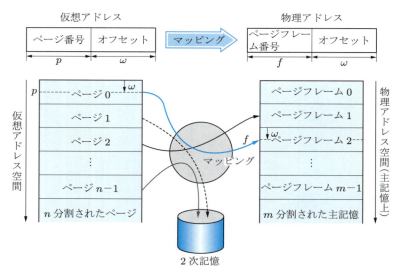

図 9.2　ページの動的再配置

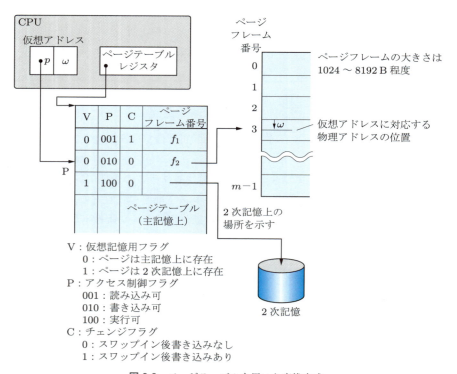

図 9.3　ページテーブルを用いた変換方式

ジテーブルもプロセスごとに複数必要となり，各プロセスの PSW 情報中に，主記憶中のどこに自プロセスのページテーブルが格納されているかを示すポインタ情報を格納する**ページテーブルレジスタ**がある．ページテーブルには，通常，複数のエントリーが存在し，ページ番号に対応するページフレーム番号を格納する領域とともに，

代表的なフラグとしてVフラグ(virtual memory flag)，Pフラグ(permission flag)，Cフラグ(change flag)がある．

ページングによりつぎの機能が実現可能となる．

9.2.1 ページの動的再配置と仮想記憶

ページ番号からページフレーム番号への変換は，仮想アドレスのページ番号に該当するページテーブルのエントリーを参照して，ページフレーム番号を求めることにより行う．この変換により，プログラムやデータの一部分が主記憶上のどの領域にロードされても，ページテーブル上のページフレーム番号を書き換えることにより，プログラムからみた場合に，まったく仮想アドレスの変更なしにページの動的再配置が実現できる．

ページテーブル上のVフラグは，仮想アドレス上のあるページが主記憶上に存在するのか，2次記憶上に存在するのかを示すフラグである．V＝0の場合，仮想アドレスのページに対応する領域は主記憶上のページフレームに存在し，V＝1の場合，対応する領域は2次記憶上に存在する．そこで，主記憶管理プログラムは，仮想アドレスがV＝1のページテーブルエントリーを指定してきた場合に，プログラムが要求したページが主記憶上に存在しないため，まずページフォールト割込みを発生させ，プログラムの実行を止め，スワップ操作を行い，要求ページを主記憶にロードすることにより仮想記憶を実現する．

なお，仮想記憶で注意しなければならない点は，図9.4に示すように，主記憶と2次記憶のアクセス速度の違いである．つまり，主記憶は10^{-7}秒程度でアクセス可能であるのに対して，2次記憶は10^{-3}秒程度のアクセス時間が必要となる．つまり，数万倍のアクセス速度の差がある．さらに，CPUの動作速度が10^{-9}秒単位であることを考えると，1回のスワップ操作に必要な時間は，CPUの基本サイクルからみた場合にも膨大な時間が必要となる．したがって，プログラムの実行中の主記憶と2次記憶間の転送はできるかぎり避けるべきである．

Cフラグは，あるブロックがスワップインしてからスワップアウトするまでにそのブロックに対して一度でも書き込みがあった時点で，1にセットされるフラグである．もし，Cフラグが0であるブロックがスワップアウトの対象となった場合は，主記憶

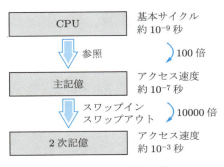

図9.4 アクセス速度の違い

内の内容とスワップインの時点で2次記憶内にあった内容（通常はスワップインされた後も2次記憶内に消去せずに保存されている）は同一であるため，主記憶内の情報をあらためて2次記憶に書き戻す必要はなく，余計なディスク転送を避けることが可能である．

9.2.2 フラグメンテーションの解決

第8章で説明したように，プロセスの要求するメモリ量をそのまま実行前に割り当てる可変区画方式では，統計的な平衡状態においては，プロセスに割り当てられるブロック数の半分のブロックが空き領域数として存在することになる．この原因は，新しく発生したプロセスの要求するメモリの大きさにちょうど合致する空き領域が存在する確率は，ほぼ0であるということによる．

ページングは，プログラムに主記憶を割り当てる単位をページ単位に制限する．したがって，プロセスはページ単位でしかメモリ量を要求できないため，結果として，メモリフラグメンテーションの問題は発生せず，また統計的平衡状態ではすべての領域がプロセスに割り当てられた領域となる．

プロセスに割り当てられた複数のページの中で，一番最後に割り当てたページの一部は使われないページとして残ることになる．この問題を**内部フラグメンテーション**とよぶ（図9.5）．実際のオペレーティングシステムでは，1ページが4〜8 KB程度であり，統計的には，その半分の領域が1プロセスあたりの内部フラグメンテーション量の平均である．この程度の未使用領域は，現在の一般的な計算機システムが有する主記憶量からみて，ほとんど無視できる．

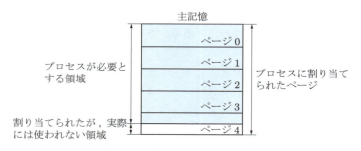

図 9.5　内部フラグメンテーション

9.2.3 柔軟なアクセス制御の実現

図9.3で示したように，ページングシステムはメモリのアクセス時に必ずページテーブルを参照する．したがって，ページテーブル内のPフラグ部に，該当するページのアクセス条件を格納することにより，アクセス制御が可能となる．たとえば図9.3で，Pフラグ部が001のときは，該当するページに対して読み込み可能である条件を設定する．この場合，該当するページに対する書き込みがあった場合には，記憶領域保護違反割込み[1]により，適切な割込み処理が行われる．アクセス条件として該当す

---

[1] 割込みの種類はシステムにより異なる．

9.3 ページングの問題点と解決策　　99

るページ上のデータ[1]を実行可能であるかどうかについても指定することが可能である．コンピュータウイルスの中には，通常プログラムを格納しないスタック領域にウイルスプログラムを送り込んで実行するものが存在する．この種のウイルスからの攻撃を防御するために考察された，スタック領域のデータを実行不可能とするデータ実行防止方式（data execution prevention：DEP）は，ページテーブルによるアクセス制御の一例である．

9.3 ページングの問題点と解決策

　ページングは，さまざまな問題を解決できるメモリ管理手法として非常に有効な手法である．しかし，つぎの二つの問題点がある．

① ページテーブルの大きさが無視できない．

　　ページテーブルは主記憶内に存在するとともに，その大きさ（エントリー数）は仮想記憶のアドレス長により決定される．仮想記憶アドレス空間が 32 ビット（約 4GB），1 ページの大きさが 8 KB とした場合，約 500 K 個のページエントリーが必要である．多重仮想記憶システムの場合，ページテーブルは各プロセスごとに独立して存在する．したがって，オペレーティングシステム内で同時に実行されるプロセスを 100 プロセスとした場合，合計 50 M 個のエントリーが必要となる．

　　ページテーブルの 1 エントリーに必要な容量を 10 B とした場合，500 MB ものテーブルを主記憶内に配置する必要がある．この大きさが現在の一般的な主記憶量に比べて，無視できない大きさであることは明らかである．

② メモリアクセスが増大する．

　　図 9.4 で示したように，CPU の命令実行の基本サイクルは 10^{-9} 秒程度であり，CPU から主記憶へのアクセス時間は 10^{-7} 秒程度である．通常，この約 100 倍の速度を吸収するために，CPU 内に主記憶の内容を一次的に蓄える**キャッシュメモリ**とよばれるメモリ領域が存在する．キャッシュメモリ内のデータは CPU 側からは高速にアクセスが可能である．しかし，このキャッシュメモリは主記憶に比べて非常に高価であり，大きさも主記憶に比べて十分な大きさではない．したがって，CPU が必要なデータがキャッシュ内に存在しない場合には，非常に低速な主記憶に対してアクセスする必要があり，CPU にとって主記憶への余計なアクセスはできるかぎり避けなければならない．

　　しかし，ページングの場合はページテーブルが主記憶内に存在するため，ただでさえ遅い主記憶へのアクセス時に必ず主記憶内に存在するページテーブルにアクセスし，その内容（ページフレーム情報）を読み込み，さらにもう一度，主記憶にアクセスする必要がある．つまり，ページングシステムを採用した場合

---

1)　プログラム内蔵型計算機の場合は，プログラムもデータも区別せずに，プログラムカウンタの位置のデータをプログラムとして実行する．

には，1回の主記憶へのアクセス時に合計2回の主記憶アクセスが必要となり，システムの性能低下に繋がる．

この二つの欠点に対する解決策を説明していこう．

9.3.1　ハッシュ関数によるページテーブル

まず，ページテーブルの大きさの問題の解決方法について示す．多重仮想記憶システムの場合でページテーブルが大きくなる原因は，

$$（仮想記憶の大きさに比例したページテーブルのエントリー数）\times（同時実行プロセス数）$$

に対応するページテーブルのエントリー数が必要な点にある．確かに多重仮想記憶を実装するうえで，これだけの数のページテーブルは必要となる．しかし，ページテーブル上のページフレーム番号の示す実体の存在する場所は，つぎの二つが考えられる．一つは主記憶上のページフレームを指す場合であり，もう一つは2次記憶上の領域を指す場合である．

2次記憶上の領域を指す場合は，ページフレームのアクセス時に，ページフォールトによるスワップ操作が起こり，さらに 10^{-3} 秒程度の処理時間が必要となる．つまり，結果として，ページテーブル本体に対してのアクセスに速さが要求される条件は，ページテーブル中のページフレーム番号欄が主記憶上のページフレームを指す場合のみであり，2次記憶上の領域を指す場合は，そのページテーブルの部分領域を2次記憶上に配置してもシステム性能に重大な影響を及ぼすことはない[1]．

図9.6に，ハッシュ関数を用いたページテーブル管理方式を示す．ハッシュ関数とは，入力値 p（ページ番号部の値）に対して関数を適用した結果，$h(p)$ の値がある範

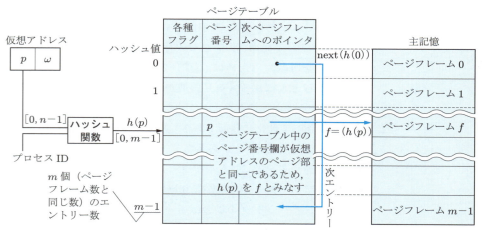

図9.6　ハッシュ関数によるページテーブル

---

[1] オペレーティングシステムの設計において，この概念は重要である．つまり，頻繁に使われ，使い勝手やシステムの性能に重要な影響を及ぼす部分に関しては，できるかぎり性能の低下を避けるべきである．頻繁に使われない機能や，もともと実行速度が遅い機能に関しては，さらに多少のオーバーヘッドを追加してもシステムの全体的な性能に与える影響は軽微である．

囲(たとえば $0 \leq h(x) \leq m$)のなるべく一様に分布する整数となる関数である.

　ページ番号部を,主記憶のページフレーム数と同数の値域を出力するハッシュ関数 h に入力することにより,ページテーブルのエントリー数の削減が可能となる.しかし,ハッシュ関数の入力値の定義域に比べて値域が非常に小さいため,異なるページ番号部に対して同一のハッシュ値 $h(p)$ が出力されることは明らかである.この状態をハッシュ値の衝突とよぶ.この衝突に対する処理[1]として,ページテーブル内に,ページ番号欄を設定する.入力ページ番号 p から出力 $h(p)$ で参照されるエントリーのページ番号欄が p であった場合のみ,$p \rightarrow h(p)$ のマッピングを $p \rightarrow f$ 変換と見なす.

　もし,ページテーブル内のページ番号欄とアドレスレジスタのページ番号部が一致しない場合は,前回の変換時に衝突が起こったためと考えることができる.その場合,ページテーブル内のつぎのページフレームへのポインタ欄が示すポインタを参照し,つぎのページテーブル内のエントリーを探し($\text{next}(h(p))$),もしページ番号欄の内容と一致した場合は,$p \rightarrow \text{next}(h(p))$ の添字を $p \rightarrow f$ に変換する.

　この変換を,つぎエントリー欄が空欄になるまで行う.もし,空欄になるまでページ番号欄と一致しない場合は,アドレスレジスタのページ番号部の参照するページフレームは主記憶上にないため,2 次記憶上にあるページテーブルを参照する[2].

　ハッシュ関数の選択は本方式の性能に重大な影響を与える.ハッシュ関数がもつべき条件をつぎに示す.

　　① $p \rightarrow h(p)$ の変換結果が片寄らないこと.マルチプログラミング環境では,プロセス内のプログラムが要求するアドレス(ページ番号)は,0 番地から始まる同一パターンであるため,ハッシュ値の衝突が頻繁に発生する.したがって,プロセス固有の ID 番号(プロセス ID)を同時に入力することにより,ハッシュ値の衝突を防ぐ方式が用いられることが多い.

　　② 変換が高速であること.このハッシュ関数は,メモリへのアクセスのたびに行われる.したがって,ハッシュ関数の出力値の厳密な一様性よりも,変換が高速であることが重要である.

9.3.2　連想レジスタ方式

　つぎに,メモリアクセス回数の増加に対する解決方法について説明しよう(図 9.7).ページ番号からページフレーム番号への変換を高速に行うために,直近に行われた $p \rightarrow f$ への変換を CPU 内に保存しておく**連想レジスタ**(translation lookaside buffer:**TLB**)を配置する.TLB のエントリー数は,CPU アーキテクチャにより異なるが,数十程度であることが多い.この TLB は CPU 内に存在するため,通常は主記憶に比べて非常に高速にアクセスすることが可能である.

　アドレスレジスタにセットされたページ番号は,ページテーブルを参照する前に(も

---

1)　この探索アルゴリズムを線形ハッシュ探索法とよぶ.
2)　本書の範囲を越えるため,2 次記憶上のページテーブルの管理方法については省略する.

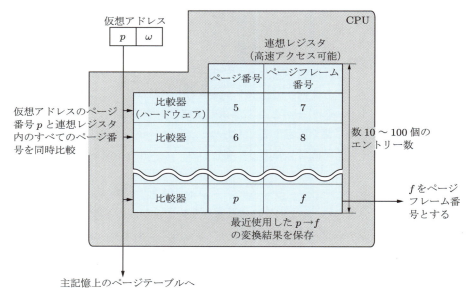

図9.7 TLBによるページ番号からページフレーム番号への変換

しくは同時に) TLB にも送られ，当該ページ番号が TLB 内に存在するかどうかを検査する．この操作は，ハードウェアを用いてすべてのエントリーを同時に比較できるため，非常に高速に実行可能である．また，TLB 内の $p \to f$ の変換テーブルは，すでに一度ページテーブル内の P フラグによるアクセス条件を満たしていることが確認されているため，TLB 内ではアクセス制御を行う必要はない．

　プログラム内蔵型計算機の場合は，プログラムがアクセスするアドレスは連続することが多いため，アドレス中のページ番号部は同一であることが多い．したがって，ほとんどの $p \to f$ への変換は，最初の変換のみ主記憶上のページテーブルにアクセスし，その変換結果を TLB に転送することにより，以後の変換は TLB 内で行うことが可能となる．つまり，主記憶内に存在するページテーブルへのアクセス回数を大幅に削減することが可能となる[1]．

第9章のポイント

1. 主記憶の再配置機能をもつ**ページング**は，現在用いられている主記憶管理の基本である．仮想アドレスの上位をページ番号部，下部をオフセット部とし，ページ番号部は，ページテーブルを参照して，物理アドレスであるページフレーム番号に変換される．また，ページテーブルには各ページごとにアクセス制御フラグなどが配置され，ページのアクセス権を設定することができる．

2. ページングは，仮想記憶が実現できるとともに，メモリフラグメンテーション問題も解決可能である．しかし，ページテーブルを主記憶に配置する必要があるため，

---

[1] 2013 年に発表された Intel Core プロセッサ第 4 世代 Haswell 移行の CPU では，ページサイズが 4 KB の場合，マシン語用・データ用とも 64 エントリーである．

主記憶へのアクセス速度が低下する可能性がある．アクセス速度を低下させないために，TLB（連想レジスタ）を用いる．

3. ページテーブルを主記憶上にすべて配置した場合，その大きさが無視できなくなる．主記憶上のページテーブルを削減する方法として，ハッシュ関数を用いて，現在主記憶上にあるページフレームを管理するページテーブルのみを主記憶上に配置する方式がある（なお，現在は第 10 章で示すページテーブルも仮想記憶の一部として管理する方式が一般的である）．

4. 仮想記憶の利用を前提とした場合，主記憶のアクセス速度と，2 次記憶のアクセス速度に注意する必要がある．両者のアクセス速度は数万倍の差があり，過度な仮想記憶の利用はできるかぎり避けるべきである．

演習問題

9.1 ページング方式による仮想記憶を有するオペレーティングシステムにおけるメモリ管理についてつぎの問いに答えよ．

（1） ページテーブルのエントリー数を示せ．なお，仮想アドレス 32 ビット中，上位 16 ビットがページ番号を示し，下位 16 ビットがオフセットを示すものとする．

（2） ページテーブルには，ページフレームを示すポインタ以外に，仮想記憶を効率よく実現するためのエントリーとして，あるページを参照したときにセットする参照ビットと，あるページに書き込みがあるとセットされる修正ビットがある．それぞれのビットの仮想記憶のページ置き換え時の利用方法を説明せよ．

9.2 つぎの文のうち，ページング方式の利点を選べ．

① メモリコンパクションを必要としない．
② 内部フラグメンテーションが存在しない．
③ 仮想記憶が実現できる．
④ プロセス間での共有アドレスが容易に実現できる．

9.3 ページングを実装するうえでのオーバーヘッドはなにかを答えよ．

第10章

主記憶管理：セグメンテーション

keywords

セグメンテーション，ページ化セグメンテーション，多重レベルページング，0レベルページング

前章で説明したページングは7.1節で示した理想的な論理アドレス空間がもつべき条件のすべてを満たすことはできない．そこで提案されたのがセグメンテーションである．さらに，セグメンテーションの利点とページングの利点を合わせもつページ化セグメンテーションという手法もある．本章では，それらとともに，ページテーブルを階層化することにより，主記憶上のページテーブルの大きさを減らす多重レベルページング，MMUをソフトウエアで実現することにより，CPUを構成するゲート数を削減する0レベルページングについても説明する．

10.1 セグメンテーション

7.1節で説明した理想的な仮想アドレス空間がもつべき条件のうち，ページングではつぎの条件は実現可能である．

① 大きさに制限がない．

② プロセスごとにアクセス保護された固有な空間を提供可能である．

しかし，つぎの条件は実現できない．

① 一つのプロセスに複数の1次元アドレス空間を用意し，プログラムが用いることが可能な論理アドレス空間をプログラム部，データ部，スタック部などに分離する機能．

② 複数のプロセス間で，一部アドレス空間を共有する共有メモリ[1]．

一般に，プロセスはプログラム領域とデータ領域の分離やプログラムのしやすさから，複数のアドレス空間をもつこと，さらにアドレス空間の大きさは動的に変更できることが望ましい．C言語のmalloc()，free()関数を用いることにより，実行時に動的に確保するメモリ量が増減し，さらに関数への引数を渡すためのスタック領域も同様に実行時に領域の大きさが変化する．このような環境において，1次元のアドレス空間にあらかじめそれぞれの領域の開始位置と大きさを静的に決定したときは，領域サイズの柔軟な増加ができないことは明らかである．

---

1) ページングにおいても，ページ単位での共有メモリは実現可能である．

また，それぞれのアドレス空間は，異なるアクセス保護基準が必要となる．いったんプログラム領域にロードしたプログラムは，実行中書き換える必要はないが（書き換えてはならない場合が多い），データ領域は自プロセスに対して，読み込み，書き込み権限が必要である．また，共有領域は，自プロセスのみならず，他プロセスに対しても読み込み，書き込み権限を与える必要がある．

そこで，図 10.1 に示すように，セグメントとよばれる論理的に独立し，かつそれぞれの論理アドレス空間の大きさを自由に増減可能な領域割り当て手法である**セグメンテーション**が提案された．図 10.2, 10.3 にセグメンテーション機構の実現方法を示す．

ページングと同様に，仮想アドレスを上位と下位に分け，上位をセグメントテーブルのインデックス値とする．セグメントテーブルには，ページテーブルと同様にさまざまなフラグ（V, P, C）とともに，セグメントの開始アドレスと大きさを示すエントリーが格納される．主記憶上 B_s 番地から始まり，$B_s + L_s$ 番地までが当該セグメントとして確保される．仮想アドレスの下位部分 ω が，セグメント境界を越えてアクセスしようとした場合，つまり $\omega > L_s$ の場合は，セグメント境界違反として割込みが

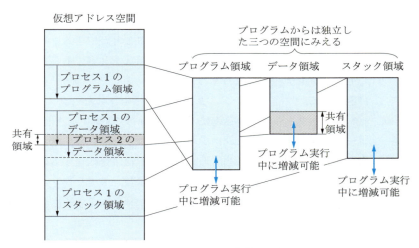

図 10.1 セグメンテーションと複数の 1 次元アドレス

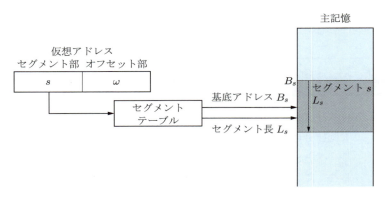

図 10.2 セグメントテーブルのはたらき

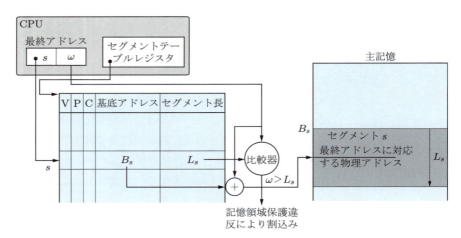

図 10.3　セグメンテーションの実装方法

発生し，通常，プログラムは停止する．

　セグメンテーションを用いることにより，プログラム側からは大きさの増減可能な1次元アドレス空間を複数確保することが可能となる．また，主記憶上任意の位置から，任意の大きさのセグメントを確保することができるため，ほかのプロセスが独立に定義したセグメントと主記憶の任意の領域を共有することも可能となる．

　セグメントテーブル内のVフラグを用いることにより，仮想記憶を実現することが可能である．アドレスレジスタによって指定されたセグメントが主記憶にない場合，セグメントフォールト割込みにより，当該セグメントを主記憶内に読み込む．しかし，ページングと異なり，セグメントフォールトの場合は，読み込みに必要な主記憶量は変動する．主記憶内に該当するセグメント領域を転送するのに十分な連続空き領域があるとは限らない．したがって，すでに示したメモリコンパクションなどと併用するか，読み込む領域を確保するために必要十分な大きさをもつセグメントをスワップアウトさせる方法を用いる必要がある．

　このような方法を用いても，任意の場所から任意の大きさを割り当てるセグメンテーションは，やはりメモリフラグメンテーションの問題を回避することは困難であり，マルチプログラミング環境においてセグメンテーション手法を単独で用いることは少ない．

10.2　ページ化セグメンテーション

　ページングとセグメンテーションは，プログラムが指定した仮想アドレスを上位と下位に分けるという実装レベルでの手法は似ているが，導入の目的はまったく異なる．ページングの目的は，まず主記憶をページとよぶ固定長のブロック単位で管理することにより，フラグメンテーションの問題を解決することである．さらに，ページテーブルを用いて仮想アドレス(ページ番号)から主記憶上の物理アドレス(ページフ

レーム番号)と2次記憶上の領域への1対1の対応を行う動的再配置により仮想記憶を実現することである．また，セグメンテーションの目的は，プログラム，データ，スタックなど複数の1次元アドレス空間を提供するとともに，アドレス空間の共有と保護も提供することである．

この二つの手法の利点を合わせもつ手法が**ページ化セグメンテーション**であり，現在，マルチプログラミング環境で用いられている主記憶管理の主流である．ページ化セグメンテーションの構成図を図10.4に示す．仮想アドレスを三つの部分に分け，それぞれをセグメント番号部，ページ番号部，オフセット部とする．ページ化セグメンテーションは，セグメント番号部とページ番号部からなる部分領域と，ページ番号部とオフセット部からなる部分領域の，二つの部分に分けて考えると理解しやすい．セグメント番号部とページ番号部の領域による管理は，複数のページテーブルをセグメントテーブルで管理すると考えることができる（通常のセグメンテーションは，複数の主記憶上のセグメントをセグメントテーブルで管理する方式である）．つまり，エントリー数が増減可能な複数のページテーブルを，セグメントの手法を用いて管理する．一方，ページ番号部とオフセット部の領域による管理は，通常のページングと同じしくみで動作する．

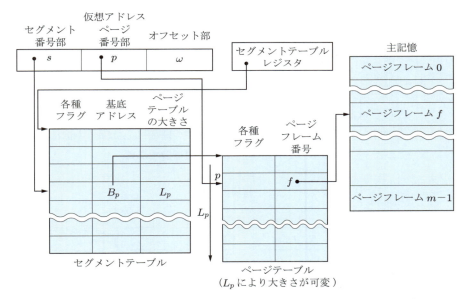

図 10.4　ページ化セグメンテーション

ページ化セグメンテーションにおいて，ページ番号部とオフセット部を仮想記憶の対象としてみた場合（ページテーブルを仮想アドレス空間で管理した場合），ページングの際に問題となったページテーブルの大きさが主記憶領域を圧迫する問題も解決することが可能となる．仮想記憶として管理することにより，すべてのページテーブルを常時主記憶上に配置する必要はなく，直近にアクセスされたページテーブルのエントリーのみが主記憶上に存在することになる．

また，ページテーブルが仮想アドレス空間にあるため，セグメントテーブルが管理するページテーブルの大きさも，システムを設計するうえで重要な意味をもたなくなる．最初から論理上最大の大きさのページテーブルを割り当てても，使わないページテーブルは仮想記憶上に配置されるため，2次記憶上の領域以外のリソースを消費することはない．したがって，ページ化セグメンテーションの場合は，セグメントテーブルにページテーブルの大きさの情報を必ずしも必要としないため，現在のマルチプログラミングオペレーティングシステムを対象としたCPUのMMU実装には，セグメントテーブルにページテーブルの大きさの情報が含まれない場合が多い．

さらに，ページ化セグメンテーションは，主記憶をページ単位で管理するため，フラグメンテーションの問題もなく，プログラム側からは複数の一次元アドレス空間を用いることができる方式である．プロセス間でのアドレスの共有は，ページ単位でしか行うことができない欠点があるが，多数のデータセグメント領域を用いることが可能であるため，一部のデータセグメントを共有メモリ専用のセグメントとして用いることにより，論理的には任意のデータセグメント位置での共有が可能となる．

10.3 多重レベルページング

ページ化セグメンテーションの実装に似た方式として，**多重レベルページング**がある．多重レベルページングは，図10.5に示すように，仮想アドレス中，ページ番号部を，さらに上位と下位に分割し，上位部のページテーブルのエントリーが下位部のページテーブルの先頭アドレスを示し，下位部のページテーブルが主記憶上（もしくは2次記憶上）のページフレーム番号を示す方式である．なお，図で示す方式は二つのページテーブルをもつ方式であるが，同様に上位部，中位部，下位部の三つのページテーブルをもつ方式も考えることが可能である．

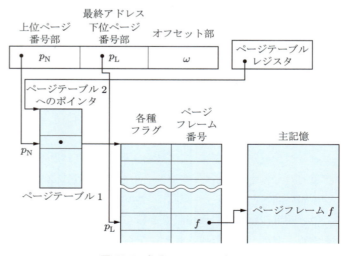

図 10.5　多重レベルページング

この方式の特徴として，下位部(三段のページテーブルの場合は，中位部，下位部)のページテーブルを仮想記憶上に配置することにより，ページ化セグメンテーションと同様に，直近に使われたページテーブルのエントリーのみが主記憶上に配置されるため，主記憶にロードされるページテーブルの大きさを減らすことが可能となる．ページテーブルを多重化することにより，ページテーブルの参照のために複数回主記憶へのアクセスが必要となるが，通常のページング方式と同様にTLBにより解決することができる．

10.4　0レベルページング

0レベルページングとは，ページテーブルをもたないページングのことである．実際には，ページテーブルをもたないわけではなく，CPU内にハードウェアとしてのMMUをもたないページングシステムである．CPU内にMMUを置かないことにより，CPUを構成するゲート数が少なくなる．この特徴から，高いクロックでCPUを動作させることを目的としたミップス・コンピュータシステムズ(現ミップス・テクノロジーズ．以降，MIPS社)のR2000で採用されたシステムである．MIPS社のR2000はRISCアーキテクチャの代表例である．R2000の仮想アドレス形式は，20ビットのページ番号部と，12ビットのオフセット部からなる．

図10.6に示すように，CPU内には，64エントリーのTLBが配置される．R2000実装の場合，アドレスレジスタにアドレスがセットされると，ハードウェア的にTLBとアドレスレジスタのページ番号部が比較される．もし，TLB内にページ番号が存在しないときは割込みが発生し，変換に必要なページ番号とページフレームの変換情報をソフトウェアによりTLB内にロードする．

ページテーブルへの参照を，ハードウェア(MMU)ではなく，ソフトウェア割込みにより行うという手法は，当時非常に大胆な手法であった．実際に利用するソフトウェ

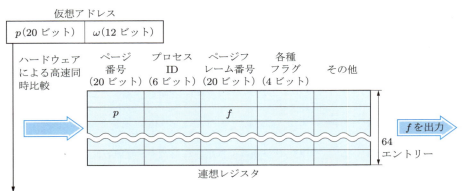

図10.6　0レベルページング

110　第 10 章　主記憶管理：セグメンテーション

ア環境を，CPU の設計段階であらかじめさまざまなプログラムの実行を想定し，計算機シミュレーションにより TLB のエントリー数，プログラムの実行速度，ハードウェア規模などを調査し，限られたハードウェアリソースでの性能向上を図った．R2000 の登場以前は，CPU のハードウェア設計とコンパイラなどのソフトウェア設計はあまり密接に関連していなかった．R2000 は，CPU の設計とコンパイラが出力するコードなどのソフトウェア環境を綿密に考慮して設計された初めての CPU である．

第 10 章のポイント

1. 高級言語では，プログラム領域，データ領域，スタック領域，動的データ領域など複数のアドレス空間を用いる．**セグメンテーション**を用いることにより，プログラムに対して複数の異なるアドレス空間を提供することが可能である．さらに，複数のプロセス間で仮想アドレス空間を共有する共有メモリも容易に実現可能である．

2. **ページ化セグメンテーション**は，ページングとセグメンテーションの両方の利点を有する方式であり，現在の主記憶管理手法の主流である．

3. ページングシステムでは，ページテーブルの大きさが大きくなり，主記憶領域を圧迫する．しかし，**ページ化セグメンテーション**や**多重レベルページング**などでは，ページテーブルも仮想記憶内で管理するため，解決可能である．

4. 最小限のハードウェアで高性能を得るために開発され，MIPS 社の R2000 で採用された 0 レベルページングは，ページテーブルの管理を，ハードウェアで実装された MMU ではなく，ソフトウェア割込みで実装した．

演習問題

10.1 つぎのうち，セグメンテーション方式，ページ化セグメンテーションに関する記述を選べ．
① ハードウェア MMU を用いない方式である．
② インテル社の Pentium アーキテクチャで採用されているメモリ管理手法である．
③ プロセスに複数の 1 次元アドレスを提供することが可能である．
④ 多段のページテーブルにより，主記憶を管理する方式である．
⑤ メモリフラグメンテーションの問題を解決することが可能である．

10.2 MIPS 社の R2000 は，ハードウェア MMU を実装しなかった．その理由を説明せよ．

10.3 モトローラ社の 68000 で採用されたメモリ管理方式について調べよ．

10.4 多重レベルページングと仮想記憶を用いることにより，主記憶内に存在するページテーブルの大きさが無視できることを示せ．

10.5 ページ化セグメンテーションにおいて，外部・内部フラグメンテーションの問題について説明せよ．

COLUMN　RISC と CISC

　RISC とは reduced instruction set computer の略であり，制限された命令セットを用いたコンピュータの意味である．RISC の出現以前は，DEC (Digtal Equipment Corporation)の VAX に代表される非常に高機能な機械語命令をもった CPU が全盛であった．しかし，さまざまな機械語命令が用意されていても，高級言語を機械語に変換するコンパイラは必ずしもこれら複雑な命令を有効に使った実行形式を生成することはできず，さらに複雑な命令を実行するために CPU の回路規模が大規模になっていた．

　そこで，1975 年に IBM により開発が始まった 32 ビットプロセッサ 801 は，

　　① 1 命令は 1 クロックで実行する．
　　② 主な命令はデータの主記憶−レジスタ間の転送とレジスタ間の演算のみとする．
　　③ すべての命令は固定長(32 ビット)とする．

ことにより単純な回路構成を実現するとともに高速化を図った．このように制限された命令のみからなるコンピュータアーキテクチャを RISC と名付け，さらに従来の命令セットをもったアーキテクチャを批判を込めて CISC (complex instruction set computer)とよんだ．

　1986 年に MIPS 社により開発された R2000 は，801 の思想を受け継いだ RISC 型コンピュータであり，商業的に成功した最初の RISC 型コンピュータとなった．当時のパーソナルコンピュータ用 CPU 80386 よりも少ないゲート数にもかかわらず，R2000 の演算能力は約 2 倍であった．RISC は，CPU を構成するために必要とするゲートが少ない．そこで，当時集積度が低く，少ないゲート数しか利用できないが，高速な動作が可能なガリウム砒素化合物半導体に RISC 技術を適用することにより，さらなる CPU 速度の向上が期待された．

　しかし，ガリウム砒素化合物半導体を用いた CPU 設計は，半導体の集積度が思うように上がらなかったことやコスト高などの原因により難航した．その間に，現在主流となっている CMOS (相補型金属酸化膜半導体)を用いた設計技術が発展し，容易に高速化，高集積化が可能となった．したがって，ゲート数を節約して CPU を設計する RISC のアイデアは，次第に廃れていった．

　現在，パーソナルコンピュータで主流となっている CPU であるインテル社の Core アーキテクチャの機械語は，16 ビット CPU である 8086 などの従来からの CPU との互換性を重要視し，CISC アーキテクチャをを採用している．しかし実際は，実行時に RISC 型のマイクロ命令に変換され，CPU 内では RISC 命令を実行している(正確には 1995 年に開発された Pentium Pro で最初にマイクロ命令方式が用いられた)．つまり，Core は内部からみた場合，RISC CPU である．また，スマートフォンで主流となっている ARM アーキテクチャも RISC CPU である．RISC の設計思想は現在も CPU 設計の主流なのである．

第11章

主記憶管理：仮想記憶

keywords

デマンドプリフェッチ，LRU アルゴリズム，時間的局所性，空間的局所性，フェーズ化現象

　プロセスが使うことのできるメモリ資源を無限大にする方式が仮想記憶であることは第 9 章で説明した．仮想記憶は 2 次記憶と主記憶というアクセス速度が数千倍も異なるデバイスを用いる方式であるため，スケジューリングや手法の選択によりシステムの性能が劇的に変わる．本章では，仮想記憶について説明する．

11.1 スワップスケジューリング

　第 9 章で示したページングを基本とする仮想記憶は，大きさが無限大の仮想アドレスを提供できるという利点はあるものの，いったんスワップ操作が行われると，その操作には 10^{-3} 秒程度が必要である．これは，CPU が 1 命令を実行する速度や主記憶にアクセスする速度に比べて，非常に膨大な処理時間であり，スワップ操作回数の低減はメモリ管理システムを設計するうえで重要な基準となる．

　まず，一連のスワップ操作を三つの要素に分けて考えてみよう．図 11.1 に示すように，スワップ操作はつぎの三つの性能を左右する要素がある．

① いつスワップ操作を行うか．
② 主記憶上のどこにスワップインするか．
③ 主記憶上のどこをスワップアウトするか．

ここでは，この三点について順に説明していく．

図 11.1　スワップ操作のタイミングとスワップの対象

11.1.1 いつスワップ操作を行うか

スワップ操作は，ページフォールト割込み時に行われる．このように，ページフォールトが発生した時点でページングを行う方式を**デマンドページング**とよぶ．デマンドページングは，ページが必要になったときに，必要なページだけ主記憶に転送するため，無駄なスワップ操作が行われない．

しかし，スワップ操作はシステム性能に与える影響が大きいため，できるかぎりスワップ操作回数を削減させることが望ましい．そこで，プログラムでページを必要とする前にあらかじめ主記憶にスワップインする**プリページング**（予測ページング）手法が提案されている．もし，予測がすべて正しければページフォールトは起こらないため，仮想記憶使用時のスワップ操作のオーバーヘッドが無視できることになる．

ところが，実際にはプログラムが必要とするページをあらかじめ予測することは不可能である．したがって，オーバーレイと同様に，プログラマがあらかじめ今後必要となるページをオペレーティングシステム側に伝える手法が考えられる．この方法は非常に有効であるが，プログラマの負担が大きくなり，現実的には用いることは困難である[1]．

精度の高い予測は困難なものの，スワップ操作を少しでも減らすことはシステム性能の向上に繋がる．そこで，プログラムから主記憶へのアクセスパターンに対する経験則（ヒューリスティクス）から，プリページング手法としてつぎの二つの手法が用いられている．

① **デマンドプリフェッチ**　ページフォールト割込みの際，要求されたページ以外に将来要求される確率の高いと考えられるページを余計にスワップインする方式である．経験的には，要求されたページに続く数ページがつぎにアクセスされる確率が高いため，要求されたページに続く数ページをスワップインの対象とする．

② **初期ロードプリフェッチ**　プログラム実行時におけるメモリ要求量は，経験的にプログラムの開始直後が多い．これは，実行直後はプログラムの必要とするデータを主記憶上に読み込む操作が行われることが多く，読み込んだデータを格納する領域を必要とするためである．そこで，プログラム実行開始直後のデマンドプリフェッチ時には，主記憶上に読み込むページ数を通常の実行時に比べて増加させることにより，スワップ操作回数を減少させる．

11.1.2 どこにスワップインするか

ページングシステムの特徴に，ページテーブルを介し，ページとページフレームをマッピングすることによるページフレームの動的再配置機能がある．つまり，スワップイン操作により，該当ページが主記憶上のどのページフレームに読み込まれても，システムの性能やプログラム側が発行するアドレスにまったく影響しない．したがっ

---

1)　超高速な演算性能を必要とするスーパーコンピュータを利用する場合，プログラムのチューニングのためにこのような方式が用いられることがあり，**スクラッチパッドメモリ**とよばれる．

て，ページングシステムを基本とする仮想記憶の場合，スワップインの位置は，仮想記憶システムの性能にまったく影響しない．

11.1.3 どこをスワップアウトするか

　もっとも効率のよいスワップアウト対象となるページフレームの選択は，つぎにアクセスされる確率がもっとも低い(現時点からアクセスされる時間までの間隔がもっとも長い)ページを選択することであることは明らかである．しかし，つぎにアクセスされる確率を正確に算出することは不可能である．

　そこで，算出不可能な値(この場合はページがアクセスされる確率)を予測可能な値で近似することを考える．マルチプログラミング環境では，ページが今後アクセスされる確率と，そのページの過去のアクセス間隔との間には図 11.2 に示すような関係があることが経験的に知られている．そこで，もっとも長く参照されていないページをスワップアウトの対象とすることにより，結果として今後アクセスされる確率がもっとも近似的に低いページをスワップアウトの対象とすることが可能となる．このスワップアルゴリズムを最長不使用ページ置き換え(least recently used：LRU) アルゴリズムとよぶ．

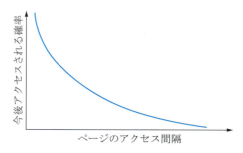

図 11.2　今後アクセスされる確率とページのアクセス間隔との関係(経験的)

　しかし，つぎにアクセスされる確率のもっとも低いページを近似的に推測する LRU アルゴリズムでさえも，厳密に実装することは困難である．つまり，LRU アルゴリズムを正確に実装するためには，主記憶へのアクセスごとに(つまり，ほぼ 1 マシンサイクルごとに)該当ページのアクセス時刻を記録したデータ領域の更新が必要である．つまり，主記憶へのアクセスごとにつぎの処理が必要となる．

　　① 時刻を調べる．
　　② ページテーブル中のアクセス時刻を更新する．
　　③ もしページフォールトが起こった場合は，ページテーブルのアクセス時刻か
　　　 らもっとも古くにアクセスされたページを探し出す．

この処理を 1 マシンサイクルごとに行うことは非常に大きなオーバーヘッドとなるため，現実的には正確な LRU アルゴリズムの実装は困難である．そこで，LRU アルゴリズムを実装するうえで工夫が必要となる．LRU アルゴリズムの実装でもっとも問題となる点は，CPU が主記憶へアクセスするごとに，ページアクセス時刻を更新す

る必要がある点である．このようなアルゴリズムの実装を考える場合，つぎの設計指針が重要となる[1]．

① 高速性を要求される処理の処理中には，可能なかぎり余計な処理を行わないことによりオーバーヘッドを低減する．

② 必ずしも高速性を要求されないタイミングに，さまざまなオーバーヘッドを伴う処理を移行する．

ページの置き換えの場合，高速性を要求される処理は通常のメモリアクセス処理であり，スワップ操作時は必ずしも高速性を要求されない．具体的には，通常のメモリアクセスは 10^{-9} 秒程度の速度を要求されるが，スワップ操作には 10^{-3} 秒程度の時間を必要とする．したがって，スワップ操作時にさらに $10^{-3} \sim 10^{-4}$ 秒程度の追加の処理を挿入しても，ほとんどシステム全体の性能に影響することはない．

11.2 参照ビットを用いたスワップアウト対象ページの決定

一般的に，LRU アルゴリズムを近似的に実装するため，ページテーブルに**参照ビット**（reference bit）R とよばれる新たなビットを導入する．このビットは，ページフォールトのたびに 0 にクリアされ，当該ページがアクセスされた時点で 1 にセットされる機能をもつ．つまり，この R ビットはページフォールトからつぎのページフォールトまでの間にページが参照されたかどうかを示すものである．なお，この参照ビットの更新はページテーブルを管理するハードウェアであるメモリ管理ユニット（MMU）の軽微な変更のみで実装可能であり，また，メモリアクセス時の余計なオーバーヘッドが必要となることもない[2]．

さらに，スワップアウト候補の待ち行列を用意し，ページフォールト時につぎのアルゴリズムによりスワップアウトの対象となるページを決定する（図 11.3）．

① ページテーブル中のすべてのページの参照ビットで，つぎの処理を実行する[3]．参照ビットが 1 であるページテーブルエントリーは，待ち行列中の当該ページのページ番号を右にシフトする．参照ビットが 0 であるページテーブルエントリーは，待ち行列のページ番号を左にシフトする．

② 待ち行列中の一番左のページをスワップアウト対象ページとする．

③ ページテーブル中のすべての参照ビットをクリアする．

この処理をページフォールト時に継続して行うことにより，ページ番号の待ち行列は，近似的には左から平均的なアクセス頻度が低い順に並ぶ．

待ち行列ではなく，図 11.4 に示す参照頻度表を用いることもできる．これは，各ページごとにページの参照頻度を示すエントリーを用意し，ページフォールト時に参

---

1) 9.3.1 項のハッシュ関数によるページテーブルの考え方と同様．

2) ただし，R ビットが，ページフォールトからつぎのページフォールトまでにページをアクセスした回数を示すような機能を実装した場合は，ハードウェアコストや実行時のオーバーヘッドも膨大となる．

3) 厳密には左右にシフトするだけではシフト結果が衝突する場合もあるため，実際の実装では多少修正が必要である．

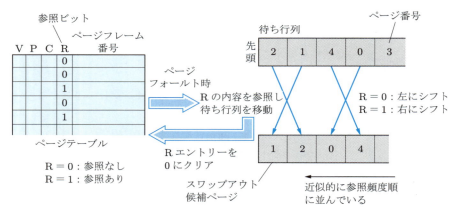

図 11.3　待ち行列を用いたスワップアウト対象ページの決定方式

照ビットをチェックし，参照ビットがセットされている場合は，テーブル内の参照頻度を増加させるとともに，もっとも参照頻度の低いページをスワップアウトの対象とする方式である．この方式は，待ち行列を用いる方式に比べてより正確な参照頻度の算出が期待できるが，テーブルの更新やスワップアウトの対象ページ検索のコストが高くなる．

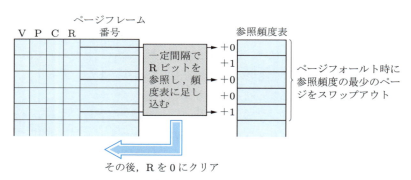

図 11.4　ページの参照頻度表を用いたスワップアウト対象ページの決定方式

　待ち行列を用いた方式，参照頻度表を用いた方式，どちらも，ページフォールト時に参照ビット情報を更新するのではなく，適当な時間間隔で待ち行列（もしくはテーブル）へ反映させるとともに，参照ビットのクリアを繰り返す実装も可能である．この時間間隔が短いほど，より正確な参照頻度を求めることが可能となり，より LRU アルゴリズムによい近似となる．

11.3 主記憶アクセスの局所性

プログラム内蔵型計算機の場合，1マシンサイクルでアクセスされる主記憶位置は，プログラムカウンタの示す位置とアドレスレジスタの示す位置の二つである．また，プログラムの大部分はループで構成されるため，プログラムカウンタ，アドレスレジスタとも，いったん参照したアドレスは，まもなく参照される確率が高いと考えられる．このようなアクセスの特徴を**時間的局所性**とよぶ．

つぎにもう少し長い時間経過を想定した場合の，プログラムから主記憶へのアクセスパターンについて考える．図 11.5 は横軸にプログラム開始からの時刻を，縦軸にプログラムがアクセスするページ番号を表した例である．図で示すアクセスパターンには，時間的局所性からは連想されない二つの特徴がある．一つ目は，プログラムがアクセスするページは主記憶上隣接した領域を連続してアクセスする特徴である．このアクセスの特徴を**空間的局所性**とよぶ．もう一つは，ある時刻を境にプログラムがアクセスするページが急に切り替わる特徴である．

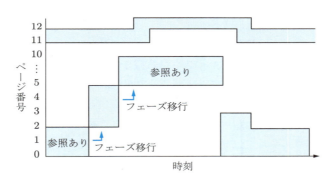

図 11.5　ページへのアクセスパターンとフェーズ化現象

この二つの特徴をもつアクセスパターンを**フェーズ化現象**とよぶ．このようなアクセスパターンの発生要因は実行するプログラムの構造化にある．つまり，C 言語や FORTRAN などの高級言語は，関数(サブルーチン，プロシージャ)を用いてプログラムの流れを構造化し，実行する．同一関数内では，アクセスするメモリ領域はほぼ同一領域であるため，主記憶へのアクセスは比較的閉じた領域に対して行われる．さらに，実行するプログラムの大部分はループで構成されることが多い．したがって，主記憶上隣接した領域が連続してアクセスされる傾向となる．また，関数(手続き)が切り替わった時点で，アクセスするメモリ領域が急激に切り替わる．

ページ置き換えアルゴリズムを設計するうえで，フェーズ化現象に対する考慮も必要である．具体的には，つぎのことを挙げることができる．

① プログラムの実行の大部分は，フェーズ内で行われる．したがって，フェーズ内でスワップが多発した場合，CPU リソースの大部分は本来の処理とは関係のないスワップ処理に費やされ，本来のプログラムの実行のために使うことが

118   第11章　主記憶管理：仮想記憶

できなくなるため，システムの実効効率が劇的に低下する．そこで，フェーズ内ではできるかぎりスワップを発生させない方針でのページ割り当てアルゴリズムが重要となる．

② ページフォールトは，フェーズの遷移時に発生することが多い．しかし，つぎのフェーズが必要とするページを予想することは困難であるとともに，フェーズ遷移時間はプログラムの実行の総時間からみた場合は非常に少ない．したがって，フェーズ遷移時のページフォールト回数の低減を目的としたシステム設計は必要としない．

第11章のポイント

1. 仮想記憶の性能を向上させるためには，できるかぎりスワップ操作を行わないことが重要である．したがって，ページフォールト時にどのページをスワップアウトするかを決定する**スワップスケジューリング**は重要である．

2. スワップ操作は最小限にするべきであり，あらかじめ必要とされるページを事前にスワップインする方式として，**デマンドプリフェッチ**，**初期ロードプリフェッチ**などがある．

3. もっともアクセスされていないページをスワップアウトの対象とする **LRU アルゴリズム**は，今後アクセスされる確率のもっとも少ないページを近似的に選択可能なアルゴリズムである．しかし，この LRU アルゴリズムを正確に実装することも困難であり，経験的手法による近似的な実装が必要となる．

4. LRU アルゴリズムを近似的に実装するために，ページテーブル内に前回のページフォールト以降，当該ページの参照の有無を示す参照ビットを追加する．つぎのページフォールト時点で，参照頻度表を更新することにより，近似的，かつ少ない負荷で LRU アルゴリズムを実装することが可能となる．

5. プログラムのアクセスする主記憶領域には，時間的および空間的局所性がある．さらに，プログラムが関数や手続きを高級言語で記述した場合は，関数や手続きの呼び出し時点で，急激にアクセスするページが変化する**フェーズ化現象**が発生する．

演習問題

11.1 以下の文の括弧を埋めよ．

ページングによるメモリ管理は，アドレスの上位を（　①　），下位を（　②　）に分けて管理する方式である．（　①　）は（　③　）内の位置を示し，示された（　③　）のエントリーには各種フラグと（　④　）を示すポインタが格納されている．仮想記憶におけるページ置き換えをページフォールト時に行う方式を（　⑤　）とよぶ．さらに，ページフォールトが起こったときに，そのページだけではなく，将来必要となるページも呼び込む方式が（　⑥　）である．理想的なページ置き換えは，つぎに

アクセスされる確率のもっとも（　⑦　）ページを置き換える（スワップアウトする）方法である．この近似解として（　⑧　）がある．しかし，（　⑧　）も正確に実装することが困難なので，さらなる近似が必要となる．

　プログラムが使用するページの集合は，プログラムの実行に従って急激に変化することが多い．これを（　⑨　）現象とよび，一般に関数などにより，プログラムを（　⑩　）した場合に顕著となる．

11.2　つぎにアクセスされる確率がもっとも低いページを選択する近似的な手法として LRU アルゴリズムが用いられる理由を説明せよ．

11.3　LRU アルゴリズムを正確に実装することが困難な理由を説明せよ．

11.4　メモリアクセスの局所性について説明せよ．

第12章

主記憶管理：ページ置き換え方式

keywords

静的ページ置き換え方式，LRU，LFU，FIFO，Belady の例外，スタックアルゴリズム，スラッシング，ワーキングセット，動的ページ置き換え方式

　ページ置き換え方式には，プロセスの実行途中に不変のページフレーム数が与えられる静的ページ置き換え方式と，実行途中にプロセスに与えられるページフレーム数が増減する動的ページ置き換え方式がある．本章では，ページ置き換え方式について説明する．前章で説明したように，スワップスケジューリング方式の選択は性能向上の肝である．とくに実装するために必要なオーバーヘッドと速度向上とのトレードオフの関係を考えて理解してほしい．

12.1 静的ページ置き換え方式

　ページ置き換えの基本は**静的ページ置き換え方式**である．静的とは，プロセスが実行される時点で一定のページフレーム数が与えられ，プロセスの実行中はプロセスに与えられたページフレーム数は変わらないということである．またここでは，ページフォールトが起こった時点で，ページの置き換えを行うデマンドページングを前提とする．

　これ以降では，プロセスがページを参照する順序を**ページ参照列** ω と表記する．たとえば，$\omega = 0, 1, 2, 3, 4, 1, 2, 3$ の場合，プロセスは最初にページ 0 を参照し，その後ページ 1, 2, 3, 4, 1, 2, 3 の順序で参照するページが遷移することを表す．

12.1.1 最適アルゴリズム

　与えられたページ参照列 ω において，ページフォールトの最少回数を求めることは，さまざまなページ置き換え方式を検討するうえで重要である．ページの参照列を将来まで含めてすべて知ることができると仮定し，ページフォールト時点から考えて，最後に参照されるページを置き換える方式を**最適アルゴリズム**とよぶ．

　図 12.1 に，ページ参照列 $\omega = 0, 1, 2, 3, 0, 1, 2, 3, 0, 1, 2, 3, 4, 5, 6, 7$ を実行するプロセスに対して最適アルゴリズムによりページ置き換えを行った場合での各ページフレームに格納されるページ番号と，ページフォールトが発生する時刻および発生回数を示す．プロセスに割り当てられるページフレームを3とする．通常のプログラムは，FOR 文（DO 文）などの繰り返しで構成される部分が多い．したがって，こ

12.1 静的ページ置き換え方式 121

時刻 t		0	1	2	3	4	5	6	7	8	9	10	11	12	13	14	15
ページ参照列 ω		0	1	2	3	0	1	2	3	0	1	2	3	4	5	6	7
ページフレーム	0	0	0	0	0	0	0	0	0	0	1	1	1	4	4	4	7
	1		1	1	1	1	1	2	2	2	2	2	2	2	5	5	5
	2			2	3	3	3	3	3	3	3	3	3	3	3	6	6

ページフォールト 10 回
● ページフォールトの発生とスワップインされたページ番号

図 12.1 最適アルゴリズムによるページ置き換え

のような同じ参照列 $(0, 1, 2, 3)$ を繰り返す参照パターンは，実際のプログラムでの参照パターンとしては一般的である．

　プロセスの実行時には，ページフレームにどのページも読み込まれていないため，時刻[1] $t = 0, 1, 2$ では，すべてのページがページフォールトとなり，該当ページがページフレームにスワップインされる．その後，時刻 t が 3 のときに初めて最適な置き換え方式によりスワップアウトされるページが選択される．この場合，ページフレーム 0 に読み込まれているページ 0 は $t = 4$ で，ページフレーム 1 に読み込まれているページ 1 は $t = 5$ で，ページフレーム 2 のページ 2 は $t = 6$ で，それぞれ参照される．したがって，ページフォールト時点から最後に参照されるページ 2 がスワップアウトされる．このプロセスの実行が終わった時点でのページフォールト回数は 10 回となる．

12.1.2　最長不使用ページ置き換えアルゴリズム

　ページフレームに読み込まれているページ集合の中で，もっとも長く使用されていないページをスワップアウトの対象とするページ置き換え方式が，**最長不使用ページ置き換え**(least recently used：LRU)**アルゴリズム**である．図 12.2 に LRU アルゴリズムでページ置き換えを行った場合の結果を示す．図に示すように，ページ参照列 ω では合計 16 回のページフォールトが発生する．したがって，LRU アルゴリズムは最適アルゴリズムの近似解と考えることができる．しかし，このページ参照列の場合はページの参照ごとにページフォールトが発生している．この原因は，与えたページ参照列とプロセスに与えられたページフレーム数が LRU アルゴリズムにとってもっとも都合のわるいな関係となっていることにある[2]．

時刻 t		0	1	2	3	4	5	6	7	8	9	10	11	12	13	14	15
ページ参照列 ω		0	1	2	3	0	1	2	3	0	1	2	3	4	5	6	7
ページフレーム	0	0	0	0	3	3	3	2	2	2	1	1	1	4	4	4	7
	1		1	1	1	0	0	0	3	3	3	2	2	2	5	5	5
	2			2	2	2	1	1	1	0	0	0	3	3	3	6	6

ページフォールト 16 回
● ページフォールトの発生とスワップインされたページ番号

図 12.2　LRU アルゴリズムによるページ置き換え

12.1.3　最低使用頻度順ページ置き換えアルゴリズム

　ページフレームに読み込まれているページ集合の中で，プロセスが実行されてからもっとも使用頻度の少ないページをスワップアウトの対象とするページ置き換え方式

---

1)　最初のページを読み込んだ時点を時刻 $t = 0$，その後ページを読み込むたびに時刻が増加するものとする．
2)　プロセスに与えるページフレーム数が 4 の場合を考えてみるとよい．

が，**最低使用頻度順ページ置き換え**（least frequently used：LFU）アルゴリズムである．なお，使用頻度が同じである場合は，ランダムに選択する方式やLRUアルゴリズムを併用する方式などがある．

図12.3にLFUアルゴリズムでページ置き換えを行った場合の結果を示す．時刻 $t = 3, 7, 9, 11, 12$ ではページフレームに読み込まれているページの使用頻度が同一のため，スワップアウトするページをランダムに選択した．

時刻 t		0	1	2	3	4	5	6	7	8	9	10	11	12	13	14	15
ページ参照列 ω		0	1	2	3	0	1	2	3	0	1	2	3	4	5	6	7
ページフレーム	0	0	0	0	0	0	0	0	0	0	0	0	0	3	3	3	3
	1		1	1	1	1	1	1	3	3	1	1	1	1	1	1	1
	2			2	3	3	3	2	2	2	2	2	2	2	4	5	6	7
ランダムに選択					○				○		○		○	○			

ページフォールト
12回

● ページフォールトの発生とスワップインされたページ番号

図12.3 LFUアルゴリズムによるページ置き換え

12.1.4 到着順ページ置き換えアルゴリズム

ページフレーム内の存在時間が最長のページを置き換える方式が，**到着順ページ置き換え**（first in first out：FIFO）アルゴリズムである．図12.4に，ページ参照列 $\omega = 0, 1, 2, 3, 0, 1, 4, 0, 1, 2, 3, 4$ で，プロセスに3ページフレームが与えられた場合のページ置き換え結果を示す．時刻 $t = 3$ で起こったページフォールトでは，時刻 $t = 0$ で読み込まれたページ0がもっともページフレーム内の存在期間が長いため，スワップアウトの対象となる．その後も同様の方式で置き換えが起こり，結果として9回のページフォールトが発生する．

時刻 t		0	1	2	3	4	5	6	7	8	9	10	11
ページ参照列 ω		0	1	2	3	0	1	4	0	1	2	3	4
ページフレーム	0	0	0	0	3	3	3	4	4	4	4	4	4
	1		1	1	1	0	0	0	0	0	2	2	2
	2			2	2	2	1	1	1	1	1	3	3

ページフォールト
9回

● ページフォールトの発生とスワップインされたページ番号

図12.4 FIFOアルゴリズムによるページ置き換え
（3ページフレームが割り当てられた場合）

12.2 Beladyの例外

図12.4と同じ到着順ページ置き換えアルゴリズムで，プロセスに与えるページフレーム数を3から4に増やした場合を考える．この場合，常識的には，プロセスに与えるページフレーム数を増やしたほうがページフォールト回数が減少すると考えられる．しかし，図12.5に示すように，結果的にはページフォールト回数が増加してしまう．このような現象を**Beladyの例外**とよぶ[1]．

---

1) コンピュータのメモリを増設したのに，プログラムの実行速度が向上しない場合を想像してみればわかる．

図 12.5　FIFO アルゴリズムによるページ置き換え
（4 ページフレームが割り当てられた場合）

Belady の例外の発見後は，一見単純と思われていたページ置き換えアルゴリズムに，数学的な解析が導入され，Belady の例外が発生する条件についての検討がなされた．

LRU アルゴリズムで同様に 3 ページフレームが与えられた場合と，4 ページフレームが与えられた場合を考える（図 12.6）．なお，図の行方向はページフレームごとではなく，アクセス時刻順に並べていることに注意が必要である．

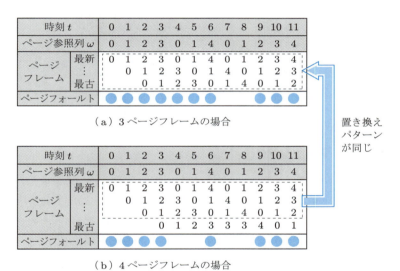

図 12.6　LRU アルゴリズムによるページ置き換え

LRU アルゴリズムにおいては，ページフレーム数が 4 ページのアクセス順に並べた最初の三つのページフレームに存在するページと，ページフレームが 3 ページの場合とはまったく同じである．このような特性をもつ場合は，もし 4 ページフレームでページフォールトが起こるときは必ず 3 ページフレームのときでもページフォールトが発生する．当然 3 ページフレームの場合でページフォールトが発生し，4 ページフレームの場合では発生しないことはある．

この LRU アルゴリズムのように，n ページフレームのときの動作と $n+1$ ページフレームのときの動作とが完全に同じ部分が存在する置き換え方式のもつ性質を，**スタックアルゴリズム**とよぶ．スタックアルゴリズムの場合は，ページフレーム数が増えた場合に，ページフォールト回数が増大する Belady の例外が発生することはない．

この図からもわかるように，LRU アルゴリズムはスタックアルゴリズムである．

同様に，図 12.7 に FIFO アルゴリズムによる置き換え方式での置き換え例を示す．図中の点線で示した部分が，3 ページフレームと異なる．このように，ページフレーム数が増加時に置き換え結果に変わることにより，ページフレームが増加してもページフォールトが増加してしまうこともある．

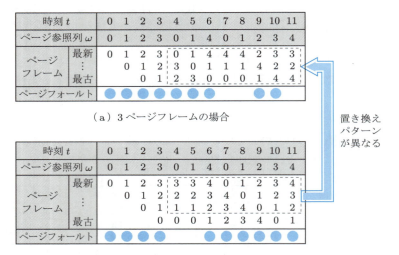

図 12.7　FIFO アルゴリズムによるページ置き換え

12.2.1 スラッシング

マルチプログラミング環境において，静的ページ置き換え方式を用いた場合，同時に実行可能なプロセス数を増やした場合と CPU の実行利用率との間には，つぎのような興味深い関係がある．通常のプロセスの実行では，そのプロセス中に発生する入出力処理により，プロセスの実行中，ある割合で入出力の完了を待っている状態（待ち状態）であることが多い[1]．したがって，プロセスを一つだけ実行しても，CPU の実効的な利用率は 100% とはならない．また，同時に実行できるプロセス数を増加させた場合は，CPU の実効的な利用率は 100% に漸近する．

図 12.8 に，同時に実行するプロセス数と CPU の実効利用率との関係を示す．

実行時に各プロセスに与えるページフレーム数を決定する静的ページ置き換え方式を用いる条件下で，同時に実行できるプロセス数を増加させた場合，個々のプロセスに割り当てられるページフレーム数は減少していく．

たとえば，図 12.3 で使ったページ参照列 $\omega = 0, 1, 2, 3, 0, 1, 2, 3, 0, 1, 2, 3, 4, 5, 6, 7$ では，ページ参照列 $0, 1, 2, 3$ が繰り返されている．このプロセスに与えられるページフレームが 3 以下になった時点で，どのようなページ置き換え方式を用いても

---

[1] どのくらいの割合で待ち状態になるかは，実行するプログラムの種類により異なる．たとえば，ワープロなどのプログラムはほとんどの時間がキーボードからの入力待ちに費やされるが，大規模で高度に最適化された数値演算の場合は入出力待ちはほとんどない．

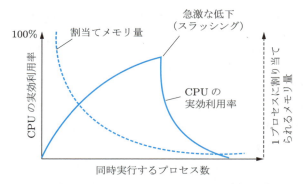

図 12.8 スラッシング状態における CPU の実効利用率

ページフォールト回数の激増は避けられない．したがって，同時に実行するプロセス数を増加させていった場合，ある時点でページフォールト回数が激増することが考えられる．ページフォールトの激増は，CPU がプロセスの本来の仕事を実行するよりも，スワップ操作に費やされてしまい，結果として CPU の実効利用率が低下することを意味する．このような状態を**スラッシング**とよぶ．

また，スラッシングの発生には，頻繁にアクセスされるページ集合が大きな影響を及ぼす．過去 T 時間[1]にアクセスされたページの集合のことを**ワーキングセット**とよび，T を**ウィンドウタイム**とよぶ．ワーキングセットを構成するページ数と同じ数だけのページフレーム数をプロセスに与える方式を**ワーキングセット法**とよぶ．

12.3 動的ページ置き換え方式

図 12.2 で示したように，ワーキングセットを構成するページ数よりもプロセスに割り当てられるページフレーム数が少なくなった場合は，非常に効率的なページ置き換え方式である LRU アルゴリズムを用いても，ページフォールトの多発は不可避となる．また，ワーキングセットを構成するページ数は，プログラムの実行途中に動的に変化することは明らかであるため，プロセスに与えるページフレーム数もプロセスの実行中に動的に変更することが望ましい．プロセスに与えられるページフレーム数が実行途中に変化する方式を**動的ページ置き換え方式**とよぶ．

しかし，実行中のプロセスのワーキングセットを知ることは，非常にコストが高く現実的ではない[2]．また，オペレーティングシステムが提供可能なページフレーム総数に対して，実行中のすべてのプロセスが必要とするワーキングセット総数が多い場合も存在する．そこで，オペレーティングシステムの実装においては，ワーキングセット法を近似的に実現するページ置き換え方式が用いられる．その代表例が**ページフォールト平均間隔**を用いる方式である．

---

1) 時間の単位は相対値．
2) LRU アルゴリズムの正確な実装が困難であることと同じである．

126　第 12 章　主記憶管理：ページ置き換え方式

12.3.1　ページフォールト平均間隔＋ LRU アルゴリズム

　一定期間内のプロセスごとのページフォールトの平均間隔をもとに，各プロセスに与えられるページフレーム数を割り当てる方式が**ページフォールト平均間隔＋ LRU アルゴリズム**である．これは，ページフォールト平均間隔の上限を U_t，下限を L_t と設定し，各プロセスのページフォールト平均間隔が U_t と L_t の間となるよう各プロセスに与えるページフレーム数を制御する方式である．

　つぎの処理を，ページフォールトごとに行うことにより，各プロセスの平均ページフォールト間隔を平均化することが可能となり，結果として現時点でのワーキングセットに比例したページフレーム数をプロセスに割り当てることが可能となる．

- 実行中のすべてのプロセスごとに
  - ① ページフォールトの平均間隔を再計算する．
  - ② if (プロセスのページフォールトの平均間隔 $> U_t$)
    - ○ このプロセスの最後のページフォールトから，いままでに参照されなかったページを 2 次記憶に強制的に移動させる(プロセスに与えられるページフレーム数を削減させる)．
  - ③ if (プロセスのページフォールトの平均間隔 $< L_t$)
    - ○ つぎに，ページフォールトを起こしたページは，ページフレーム内のほかのページをスワップアウトすることなく，スワップインする(プロセスに与えられるページフレーム数を増加させる)．

第 12 章のポイント

1. ページ置き換え方式として，プロセスの生成時にプロセスに与えるページ数を決定する**静的ページ置き換え方式**と，プロセスの実行中にプロセスに与えるページ数が変化する**動的ページ置き換え方式**がある．
2. ページ置き換えアルゴリズムとして，**最長不使用ページ置き換え(LRU)アルゴリズム**，**最低使用頻度順ページ置き換え(LFU)アルゴリズム**，**到着順ページ置き換え(FIFO)アルゴリズム**などがある．
3. プロセスに与えるページ数を増やした結果，ページフォールト回数が増加してしまう **Belady の例外**という現象がある．このような性質をもたないページ置き換えアルゴリズムを**スタックアルゴリズム**とよぶ．
4. 動的ページ置き換えにおいて，プロセスに与えるページ数を決める手法として，プロセスが直近にアクセスしたページ集合(ワーキングセット)の大きさに応じて決定する**ワーキングセット法**がある．
5. ワーキングセットを下回るメモリ量しかプロセスが確保できない場合，常時ページフォールトが発生し，CPU の実効効率を低下させる**スラッシング**が発生する．

演習問題

12.1 ページングによる仮想記憶システムにおいて，ページ置き換え方式として，LRU ア
ルゴリズムと FIFO アルゴリズムを用いた場合の最終のページテーブルの内容とページ
フォールト回数を示せ．なお，主記憶は 4 ページ，ページはプログラム中 0, 1, 2, 3, 1, 4,
5, 3, 6, 7, 6, 3, 8, 6, 9, 8, 6 の順で参照されるものとする．また，主記憶にどのページも
ロードされていないものとする．

12.2 つぎのプログラムについて問いに答えよ．

```
int A[256][256];
main()
{
  int i,j;
  for j:=1 to 256
    for i:= 1 to 256
      A[i][j]:=0;
}
```

(1) ページの大きさが 1 KB のシステムにおいて，ページ数の割り当てにワーキングセッ
ト法(ウィンドウサイズを 100 ステップとし，配列へのアクセスのみを 1 ステップと数え
る)を適用するとき，上記プログラムを実行するために，ページフォールトが合計何回発生
するか．ただし，プログラムの実行開始時において，配列に代入する値 0 および命令コー
ドは，すでに主記憶上に存在し，配列として確保された領域はすべて補助記憶(2 次記憶)
上に存在するものとする．また，int 型は 4 B で，配列は A[1][1], A[1][2], · · ·, A[1][256],
A[2][1], A[2][2] の順番で格納されているものとする．
(2) 上と同じ条件でページフォールトの回数を減らすには，上記のプログラムをどのよう
に変更すればよいか．また，そのときのページフォールトの回数を示せ．

12.3 仮想記憶を実装する UNIX では，malloc() などにより各プロセスが動的に確保した
アドレス空間は，たとえプログラム中で free() 命令により解放してもオペレーティングシ
ステムに返されることはない．なぜこのような実装になっているかを考察せよ．

128

第13章

ファイル：基礎

keywords

順次アクセス方式，物理レコード，論理レコード，直接アクセス方式，階層化ディレクトリ，絶対パス表現，相対パス表現，リスト方式，インデックス方式

　管理する領域が膨大であれば，主記憶のように数値だけで管理するのは現実的ではない．そこで，大規模な記憶容量をもつ2次記憶内の情報を効率よく管理するファイルという手法が考案された．ファイルは2次記憶装置の構造を意識することなくプログラム側から情報にアクセスすることを可能とした仮想化技術である．第13，14章ではそのファイルについて説明する．まず本章では，ファイルの基礎的なしくみについて説明しよう．

13.1 ファイルによる2次記憶の管理

　計算機システム内には，短期的・長期的に保存する必要のある情報がさまざま存在する．短期的な記憶，とくにマシン語の実行時における短期的な情報の保存には，レジスタが用いられる．レジスタへのアクセスは高速であるが，記憶できる容量が極端に少ない．レジスタに比べて記憶できる容量がつぎに大きい記憶場所として主記憶がある．しかし，計算機の電源を切ると，レジスタや主記憶は情報を保存しておくことができない．

　したがって，計算機システム内には，主記憶より大容量で，かつ電源を切っても情報が消えない長期的な記憶が実現できる記憶装置が必要となる．このような特性をもつ記憶装置を2次記憶装置(補助記憶装置ともよばれる)とよび，具体的には，ハードディスク装置，磁気テープ(MT)装置，光ディスク装置などがある．

　主記憶は，アドレス(物理アドレス，論理アドレス)を用いてプログラムからアクセスする．2次記憶装置も，直接的には後述するように数値で示される2次記憶上の位置情報のみでアクセスする．しかし，管理すべき領域が非常に膨大であり，主記憶のように数値だけで管理するのは現実的ではない．そこで，大規模な記憶容量をもつ2次記憶内の情報を効率よく管理する**ファイル**[1]とよばれる手法が考え出された．

　ファイルは，プログラム側からは2次記憶装置の構造を意識することなく，2次記

---

1)　メインフレーム系のオペレーティングシステム(たとえばIBMのMVSなど)では，ファイルのことを**データセット**とよぶ．

憶上の情報にアクセスすることを可能とする仮想化手法である.

理想的なファイルがもつべき条件としてつぎの特徴を挙げることができる.

① 任意の時点で作成できる.

② 大きさを拡大,縮小できる.

③ プロセス間で同一領域を共有できる.

④ 大きさに制限がない(2次記憶容量の物理的な制限は除く).

ユーザ(プログラム)側からみた2次記憶の情報の場所を指定する手段として,ファイル名がある.ユーザは,2次記憶内に格納されている膨大な情報を,ファイル名を用いてアクセスする.

理想的なファイル名がもつべき条件として,つぎの特徴を挙げることができる.

① ファイル名を自由に設定できる.

② 同一ファイルを複数の異なる名前で参照できる.

同じオペレーティングシステムを利用する複数のユーザが,ほかのユーザがすでに作成したファイル名に影響されることなく,任意のファイル名を用いてファイルを作成できることは,ファイル利用の容易性からみて必須である.また,複数のプログラムからファイルを参照する場合,プログラムごとに別々のファイル名で,同一のファイルを参照可能とすることにより,プログラムが必要とするさまざまな設定の自由度が向上する.

現在広く使われているパーソナルコンピュータ用オペレーティングシステムであるWindows や UNIX は,上記ファイルおよびファイル名に対する条件をすべて満たしている.しかし,これらのオペレーティングシステムは,ユーザに対して使いやすいインターフェースを提供することが最優先課題であることを忘れてはならない.

CPU の基本処理サイクルが 10^{-9} 秒程度であるのに対して,ハードディスクのアクセス速度は 10^{-3} 秒程度であり,10^6 倍の差がある.つまり,計算機システムの性能向上にとって,ハードディスクへのアクセスは明らかにボトルネックとなる.ユーザの使い勝手を多少犠牲にしても,システムの性能を上げることが必要な領域(たとえば,大量のデータを扱うデータベースシステムや銀行の勘定用システム)もある.これらの領域で使われるオペレーティングシステム(メインフレーム用オペレーティングシステム)は,上記条件をすべて満たしているわけではない.

ファイルは任意の時点で作成することはできず,JCL で実行前に名前や大きさをあらかじめ指定する必要があり,ファイルの大きさも無制限に拡張できないのである.

13.2 2次記憶の種類とアクセス方式

2次記憶の種類は2種類に大別される.一つは,安価で大容量のデータを保存できるテープ型デバイスである.テープ型デバイスは,すでに一般ユーザが用いることはほとんどないが,データセンターにおける最終的なバックアップ手段として用いられている.もう一つがディスク型デバイスである.ディスク型デバイスは,高速かつ任

意の位置のデータに直接アクセスが可能なため，ユーザに使いやすいインターフェースを提供できる．

13.2.1　テープ型デバイスと順次アクセス方式

　テープ型デバイスの代表例として，磁気テープ (MT. linear tape-open：LTO) 装置がある．MT は，カセットテープやディジタルビデオテープのように，1 本の帯状のテープからなる記憶媒体である．図 13.1 に磁気テープの基本構成を示す．テープの物理的な開始位置と終了位置にはテープが貼り付けられており，それぞれを BOT (beginning of tape) と EOT (end of tape) とよぶ．また，テープから一度に読み込む単位をレコード (**物理レコード**，ブロックともよばれる) とよび，レコードとレコードとの間に IRG (inter record gap) とよばれる領域が存在する．ファイルは，複数のレコードから構成され，ファイルの終わりを EOF (end of file) 情報により認識する．磁気テープはテープ媒体という性格上，ランダムアクセスには適さず，もっぱら**順次アクセス** (sequential access) 媒体として用いられる．

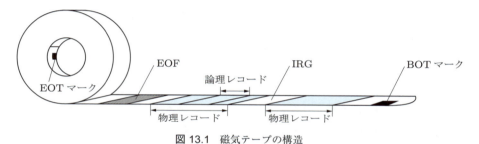

図 13.1　磁気テープの構造

　テープ媒体上のファイルの操作は大きく分けてつぎの三つがある．
　① テープヘッドのある位置から 1 物理レコードを読み出す．
　② テープの先頭 (BOT) までテープヘッドを移動する (巻き戻し)．
　③ ファイルの終わり (EOF) の直後 (つぎのファイルの先頭) までテープヘッドを移動する．

　また，ファイルの書き込みは，最後のファイルの後に追加するか，既存のファイルに上書きすることにより可能である．なお，物理的なテープヘッドの位置は，ソフトウェアからはファイルポインタとよばれる変数により制御される．

　プログラム側でテープ媒体に書かれたファイルを扱うときには，図 13.2 に示すように，物理レコードを複数の論理レコードに分割し，論理レコード単位で読み書きする場合が多い．物理レコードとつぎの物理レコードとの間には，IRG という空白領域をはさむ必要がある．したがって，物理レコード長が短い場合には，実際に情報を格納可能なテープ領域よりも IRG 領域のほうが相対的に多くなってしまい，結果として読み取り速度が遅くなるばかりか，テープ 1 本に格納できる情報量も少なくなる．

　たとえば，論理レコードを 100 B[1]，テープ記録密度を 10 KB/cm，IRG を 1 cm，

---

1) 初期のコンピュータシステムで用いられたカードリーダでは，論理レコード長 80 B が一般的であった．これはカード 1 枚に 80 B の情報を格納可能であったことが理由である．

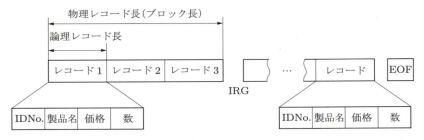

図 13.2 物理レコードと論理レコード

総テープ長 1000 cm とした場合，論理レコード長 = 物理レコード長では，約 99 KB[1] しか格納できないのに対して，100 論理レコードを 1 物理レコードとした場合は 5 MB の情報が格納可能となる．

13.2.2 ディスク型デバイスと直接アクセス方式

ディスク型デバイスの代表例として，ハードディスク装置がある．ハードディスク装置の構成を図 13.3 に示す．ハードディスク装置は，一本の回転軸にとりつけられた複数のディスクと，一つのアームで支えられた複数のヘッド（一つのディスクに一つのヘッド）から構成される．各ディスクは，スピンドルモータとよばれるモータを用いて，1 秒間に 90 から 250 回程度回転している[2]．

ディスク上は，同心円状に分割されたトラックとよばれる領域で管理される．トラックは複数のセクタに分けられて管理される．一本の回転軸上の同一位置のトラックの集まりをシリンダとよぶ．複数のハードディスク装置が一つの計算機システムに存在する場合，それぞれのハードディスク装置をボリュームとよぶ番号で管理する．

ハードディスク装置への読み書きは，「ボリューム番号，シリンダ番号，トラック番号，セクタ番号」の四つを指定することで行い，セクタを最小単位として読み書きすることができる．ハードディスクはテープ装置と異なり，任意の場所を直接指定し

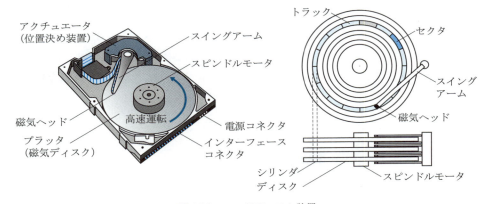

図 13.3 ハードディスク装置

---

[1] [1000 [cm]/{1 [cm] + (100 [B]/10000 [B/cm])} × 100 [B]．
[2] 通常，回転速度は rpm (revolution per minute：1 分間の回転数)で表現される．一般に，入手可能なハードディスクの回転速度は 5400～15000 rpm 程度である．

132　第 13 章　ファイル：基礎

て読み書き可能なメディアである（直接アクセス方式）．なお，ヘッドの移動，シリンダの回転などにある程度の時間が必要なため，平均的なアクセス速度（平均シーク時間）は 10^{-3} から 10^{-2} 秒程度必要となる．つまり，平均的な主記憶へのアクセス速度（$10^{-8} \sim 10^{-7}$ 秒）や，CPU の 1 命令の動作速度（10^{-9} 秒程度）に比べて，非常に遅いことに注意する必要がある．

　ハードディスクを代替えする方式として登場したデバイスが，SSD（solid state drive）である．SSD は，ハードディスクに比べて，物理的なヘッドの移動がないため，アクセス性能（とくにランダムアクセス）に優れている．

13.3　プログラム側からみた 2 次記憶アクセス方式

　プログラム側からみたファイルのアクセス方式は，大きく分けて二つある．
　① ファイルの構造を意識するアクセス方式．
　② ファイルの構造を意識しないアクセス方式．

ファイルの構造を意識するアクセス方式の代表例としては，順次アクセス方式を基本とする順編成構造と，直接アクセス方式を基本とする直接編成構造が挙げられる．**順編成構造**は，ヘッドの位置を表す変数であるファイルポインタから順次アクセスを行う方式であり，**直接編成構造**はセクタ（もしくは複数セクタを合わせたクラスタ）単位での直接アクセスを基本とする．

　そのほかの構造として，索引順編成，区分編成がある．**索引順編成**は，ファイルの内容を代表する見出しを表として管理し，この表を用いた検索により，プログラムの必要とするファイルに高速にアクセスする方式である．通常のファイル名としてファイルの内容を管理する方式と異なり，検索語によりファイル実体が格納されている位置を探す．たとえば，図 13.4 に示すように，ID に「N」が含まれるという検索語でファイル実体の格納位置を指定する方式である．

　また，**区分編成**は，一つのファイルをメンバとよばれる複数の仮想的な区分に分割して，区分ごとに異なるメンバ名を用いて読み書き可能な構造である．この方式は，後述する階層化ディレクトリほどファイルの命名方法について柔軟性はないものの，階層化ディレクトリに比べて，高速なファイルアクセスが可能である．

たとえば，IDNo. に「N」が含まれるファイルへアクセスする

キー（IDNo.）を入力

IDNo.	2 次記憶へのポインタ（トラック, セクタ）
N3	(1, 3)
P5	(2, 1)
A6	(2, 2)
Q9	(1, 1)

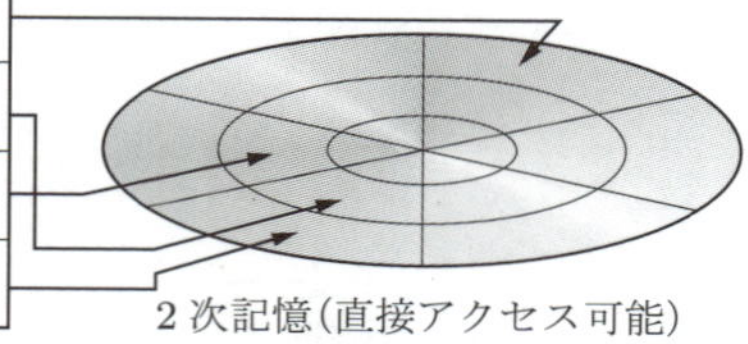

2 次記憶（直接アクセス可能）

図 13.4　索引順編成

一方，ファイルの構造を意識しないアクセス方式は，ファイルの読み書きにレコードやセクタを意識させない．つまり，ファイルはまったく区切りのないバイト列として読み書き可能である．このような入出力を**ストリーム型入出力**とよぶ．これは，WindowsやUNIXなどのオペレーティングシステムで使われているアクセス方式である．この方式では，オペレーティングシステムは，ファイルに対して特別な操作を提供せず，ファイルの先頭から，もしくは現在のファイルポインタからの読み込み，書き込み操作を提供する．順編成が論理レコード長単位での読み書き（ファイルポインタの移動）しかできないのに対して，ファイル構造なしアクセスの場合は，バイト単位での読み書きが可能となる．

13.4　階層化ディレクトリシステム

　13.1節で理想的なファイル名に対する条件を示した．ユーザが，ほかの利用者との調整なしに，自分が管理する情報に対して適切なファイル名を付けて管理することを望むのは当然である．しかし，複数の人間が同時に一つのファイルシステムを用いるときに，ファイル名の重複の問題を避けることはできない．

　そこで，**階層化ディレクトリシステム**が提案された．一般に，現実世界における名前は，階層構造をもつ場合が多い．たとえば，住所は「都道府県」，「市」，「区」，「町村」，「番地」など，また会社組織は「事業部」，「部」，「課」，「係」などにより階層化されている．階層化ディレクトリは，図13.5に示すようにルートとよばれる最上位階層から複数個のディレクトリを経由して，最終的にファイルに到達する階層構造を有する．そして，最終的なファイル名として「/ディレクトリ名/…/ディレクトリ名/ファイル名」で名付けられる名称が与えられる．このように，ルートから始められたファイル名を**絶対パス表現**とよぶ．

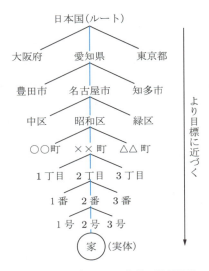

図13.5　住所における名前の階層構造

なお，以後は UNIX で採用されている階層化ディレクトリシステムを前提とする．階層化ディレクトリシステムの場合，現在プログラムが注目しているディレクトリシステム上の位置を表すカレントディレクトリとよばれる概念がある．カレントディレクトリを示す「．」，その一つ上のディレクトリを示す「..」が表記法として用いられる．このカレントディレクトリから目的とするファイルまでのパスにより表されるファイル名を**相対パス表現**とよぶ．図 13.6 に同一ファイルの絶対パス表現および相対パス表現でのファイル名とそのパスを示す．

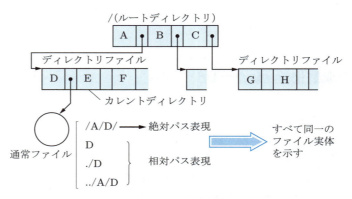

図 13.6 絶対パス表現と相対パス表現

ファイルには，その種類やアクセス権限を表す属性情報が格納されている．ファイルの種類は大きく分けて，通常ファイル，ディレクトリファイルと，後述するシンボリックリンクファイルに分けることができる．さらにアクセス権限は，ユーザごとにファイルの読み込み権，書き込み権，削除権，変更権，追加権，実行権などが設定される．また，階層化ディレクトリ方式の場合，アクセス権は，カレントディレクトリからのパス上のすべてのディレクトリファイルの権限に基づいたアクセス制御が行われる．

理想的なファイル名に対するもう一つの条件に，「同一ファイルを，複数の異なる名前で参照することが可能」という条件がある．この条件を満たす解決策として，ディレクトリシステムではリンクとよばれる概念が用いられる．図 13.7 にディレクトリの基本構造を，図 13.8 にリンク方式の基本概念を示す．ディレクトリは，ファイル名とファイルがディスク上で存在する位置を示すポインタ情報(ボリューム番号，シリンダ番号，トラック番号，セクタ番号などの情報)から構成される(アクセス権限情報な

ファイル名	アクセス権	ファイル属性	ポインタ情報 (ボリューム, シリンダ, トラック, セクタ)
test	read only	通常	(0, 1, 2, 3)
A	read write 可	ディレクトリ	(1, 2, 1, 3)
⋮	⋮	⋮	⋮

図 13.7 ディレクトリの基本構造

ども含まれている).このような構成のみでは,複数のユーザ間で異なる名前で同一のファイル実体を共有することはできない.

図13.8に示すように,同一のファイル実体を複数のポインタが指し示す方式がリンク方式である.同一のファイル実体を複数のポインタで指し示すことにより,複数の名前(図中では/A/C,/B/D,そのほかに相対パス表現でのアクセスも可能)でアクセスすることが可能となる.

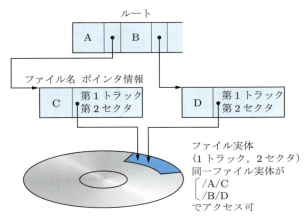

図13.8 リンク方式の基本概念

しかし,このリンク方式には,ファイル実体がどのディレクトリを共有して示しているかを知ることが不可能であるという欠点がある.したがって,図13.8中に示すように,ファイル実体が複数のディレクトリからリンクされている場合,ファイルを削除する操作を行っても実際はリンク情報のみを削除する.図13.9に,あるディレクトリに① file1 を作成し,さらに② file2 から file1 の実体へリンクを作成し,③ file1 を削除した結果について示す.

図13.9 ③に示すように,リンク数が2の状態でファイルを削除するコマンド(rm)を実行しても,リンク情報が削除されるのみでファイル実体は削除されない.ファイル実体を削除するためには,ディレクトリ内に示されたリンク数が1のファイルを削除する必要がある.しかし,リンクの場合,リンクを行っているディレクトリが階層化ディレクトリ中のどこにあるかをみつけることが難しいため,リンクの管理自体が困難である.

そのため,このリンク方式を拡張した,シンボリックリンクとよばれる方式が提案された[1].この方式は図13.10に示すように,リンク情報をファイル実体への位置情報としてではなく,ファイル実体へのパス(絶対パスもしくは相対パス)情報としてディレクトリ内に格納するところが特徴である.単純リンクの場合は,一つのファイル実体を複数のディレクトリが同一の形式でリンクするため,ファイル実体を消去するときは,リンク数を参照する必要があった.しかし,シンボリックリンクの場合,ファ

---

1) シンボリックリンクと対比して,前述のリンクをハードリンクとよぶこともある.

```
> touch file1      # ファイル名 file1 を作成                              ①
> ls -l            # カレントディレクトリの内容を表示
total 0
-rw-------  1 user1 group 0 4 25 14:04 file1
            ┗━━ リンク数を示す
> ln file1 file2 # ファイル名 file2 により file1 の実体をリンク        ②
> ls -l
total 0
-rw-------  2 user1 group 0 4 25 14:04 file1
-rw-------  2 user1 group 0 4 25 14:04 file2
            ┗━━ リンク数が 2 に増加
> rm file1         # file1 を削除(リンク数が 2 のため実体は消えない)  ③
> ls -l
total 0
-rw-------  1 user1 group 0 4 25 14:04 file2
            ┗━━ リンク数が 1 に減少したが実体は消えない
```

図 13.9　リンク方式によるリンクの作成と消去

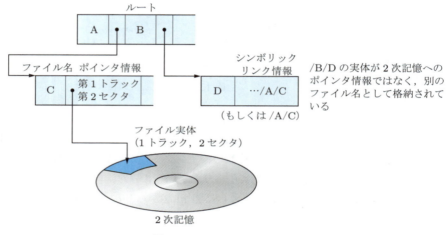

図 13.10　シンボリックリンク

イル実体はただ一つのディレクトリのみからリンクされており，ファイル削除などのリンク情報管理が容易となる．さらに，シンボリックリンクでは実際のファイル実体を明示するため，どのファイル実体を共有しているかが明確に認識可能である利点もある．

　図 13.11 に，図 13.8 と同様の操作を行った結果について示す．図に示すように，シンボリックリンクでは，リンク対象となる実体がディレクトリ内に表示されるため，ファイル実体を管理しているファイル名と，単にリンクのみを行っているファイル名とを明確に区別することが可能である．したがって，ファイル実体を削除(rm file1)した場合，たとえシンボリックリンクの情報がディレクトリ内に存在していても，シンボリックリンクを使ったファイルにはアクセスできない(図中④)．

　なお，リンク方式は，リンク情報から直接ファイル実体をアクセスできるのに対して，シンボリックリンクは，さらに複数のパスを通過して(つまり，パス上の複数の

13.5 領域割り当て方式　137

```
> touch file1            #ファイル名 file1 を作成                              ①
> ls -l                  #カレントディレクトリの内容を表示
total 0
-rw-------  1 user1 group 0 4 25 14:04 file1
            └── リンク数を示す
> ln -s file1 file2  #ファイル名 file2 により file1 の実体をシンボリックリンク   ②
> ls  -l
total 0
-rw-------  1 user1 group 0 4 25 14:04 file1
lrwx------  1 user1 group 5 4 25 14:04 file2 -> file1
            └── リンク数は 1 のまま        └── # file2 は file1 にシンボリックリンク
                                             # されていることが表示されている

> rm file1               # file1 を削除(実体が消える)                           ③

> ls -l
total 0
lrwx------  1 user1 group 5 4 25 14:04 file2 -> file1
                        #ディレクトリファイル内にはリンク情報のみが存在する
> cat file2                                                                     ④
cat: file2: No such file or directory
                        # 実体(file1)がないので，アクセスはできない
```

図 13.11　リンクによるリンクの作成と消去

ディレクトリ情報を参照して）ファイル実体にアクセスする必要があるため，ファイルへのアクセスが遅くなる欠点がある．

13.5 領域割り当て方式

　第 8 章では，プロセスが要求したメモリの割り当て方式として，あらかじめプロセスごとに定められた大きさの領域を割り当てる固定区画方式と，プロセス実行中に必要な領域を動的に割り当てる可変区画方式を説明した．

　ファイルの割り当て方式においても同様に二つ方式がある．プロセスの実行前にファイルの大きさを決めると同時に，2 次記憶上にファイル領域の割り当てを行う方式と，プロセスの実行中に必要となった時点で必要な量だけファイル割り当てを行う方式である．なお，テープ型デバイスは，アクセス方式は順アクセス方式，ファイルの追加はファイルの最後にしか行うことはできないため，本領域割り当て方式では対象としない．ディスク型デバイスは，セクタ（もしくは複数のセクタを集めた**クラスタ**）単位の管理方式であることに注意が必要である[1]．

13.5.1　固定長割り当て方式

　固定長割り当て方式は，プロセスの実行中に，プロセスが必要とする量の 2 次記憶領域を，1 セクタ（クラスタ）単位で割り当てる方式である．1 セクタごとに割り当てるため，ディスク型デバイスのどこかに空きセクタがあれば，いつでも割り当てるこ

---

1) ページングによるメモリ管理では，主記憶がページフレームとよばれる単位で管理されるのと同様である．

とが可能であるという利点がある．また，ディスク型デバイスの最小割り当て単位であるセクタごとに割り当てを行うため，プロセスの要求する領域の大きさに対して，ディスク上に小さな領域しか存在しない問題（ディスクフラグメンテーション，13.5.2項参照）は発生しない．

しかし，ディスク上で不連続な領域に複数のセクタを確保する必要があるため，これら飛び飛びのセクタを順番にアクセス可能な一つの領域として管理する必要がある．その管理方式としては，リスト方式とインデックス方式がある．

(1) リスト方式

図 13.12 にリスト方式の概略を示す．リスト方式は，ディレクトリにファイル名とそのファイルの最初のセクタへのポインタ情報が格納されている．さらに，それぞれのセクタ内の領域の一部には，ファイルを構成するつぎのセクタへのポインタ情報が格納されている．プログラム側からは，それぞれのセクタのポインタ情報を順次たどることにより，ディスクデバイス上の不連続な領域に配置されたセクタ群へのアクセスが可能となる．

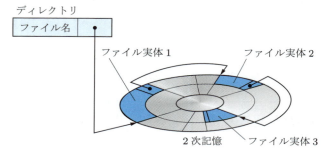

図 13.12　リスト方式によるファイル管理

リスト方式の利点として，ファイルの大きさを自由かつ容易に変更することが可能なことが挙げられる．図 13.12 のファイル実体 2 を削除するためには，ファイル実体 1 内のポインタ情報のみを変更するだけでよく，ファイルの途中のセクタの追加や削除がポインタ情報の操作だけで行えるとともに，別の空き領域リストを作成することにより，空きセクタの管理も行うことが可能となる．

しかし，欠点としてファイルの任意セクタへの直接アクセス（ランダムアクセス）が不可能な点が挙げられる．つまり，あるセクタの位置はその直前のセクタに格納されている．結果として，あるセクタに対してアクセスするためには，必ずファイルの最初からの順次アクセスが必要となる．

(2) インデックス方式

図 13.13 にインデックス方式の概略を示す．インデックス方式は，インデックステーブルとよばれる表により，セクタの連結関係を管理する方式である．表のそれぞれのエントリー位置はディスク上のセクタに 1 対 1 で対応しており，表のそれぞれの内容はつぎのセクタへのポインタ情報である．

通常インデックステーブルもディスク内に格納されている．したがって，インデッ

13.5 領域割り当て方式　139

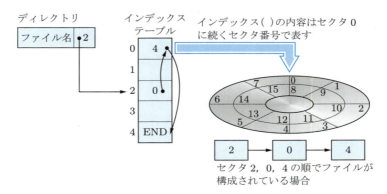

図 13.13　インデックス方式によるファイル管理

クス方式では，ファイルへのアクセスはインデックステーブルの主記憶内への読み込み，主記憶内でのセクタ情報の検索，当該セクタの読み込み，という順で行われ，リスト方式に比べて少ないディスクアクセス回数で目的セクタの読み込みが可能となる．インデックステーブルの検索は主記憶内で行われるため，目的セクタへの直接アクセス（ランダムアクセス）も可能となる．

UNIXなどのオペレーティングシステムでは，インデックステーブルをディスク上から主記憶内に移動させることにより，ファイルアクセス時に毎回インデックステーブルをディスクから読み込むことを避け，高速化を図っている．

空きセクタの管理はリスト方式と同様に，空き領域をリストで結合した空き領域リストを作る方式や，ファイル作成時にインデックステーブル上で空き領域を検索する方式がある．

13.5.2　連続領域割り当て方式

固定長割り当て方式は，セクタ（クラスタ）単位で，2次記憶領域を任意の時点で割り当てるとともに，リストもしくはインデックステーブルを用いて，複数の領域の連結状態を管理する方式であった．しかし，固定長割り当て方式は，複数領域の連結状態を再構成するオーバーヘッドにより，非常に高速なファイルシステムを必要とする分野（たとえば大規模データベースシステム）には向かない．

より早いファイルアクセスを必要とする分野では，ファイルシステムに連続領域を割り当てる連続領域割り当て方式が用いられる．**連続領域割り当て方式**は，プログラムの実行前に，物理的に連続したセクタをプログラムが必要とする大きさだけ割り当てる方式である．図13.14に連続領域割り当て方式の概略図を示す．

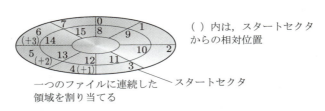

図 13.14　連続領域割り当て方式によるファイル管理

140 第13章 ファイル：基礎

この方式の長所として，つぎの点が挙げられる．

① 物理的に連続したセクタが割り当てられるため，ヘッドの移動回数が減り，結果としてファイルへのアクセス速度が向上する．

② 連続したセクタ番号が割り当てられるため，セクタ番号とファイルのレコード番号との対応が容易である．

この特徴により，ランダムアクセスを行う際に，ファイルの始まりのセクタ番号と，目的のレコード番号のみから，目的とするセクタ番号を算出することが可能となる．

しかし，メモリ管理で説明したメモリフラグメンテーションの問題と同様に，連続領域割り当て方式においても割り当てに適さない小さな領域が数多く発生し，結果としてディスクの利用効率が落ちる．このような現象を**ディスクフラグメンテーション**とよぶ[1]．ディスクフラグメンテーションを回避するためには，メモリフラグメンテーションの回避方法と同様に，使用されているディスク領域を詰める**ディスクコンパクション**を実行する必要がある．

さらに，連続領域割り当て方式には，プログラム開始時に，前もってファイルの大きさを決め，ファイルを作成する必要があるという欠点がある．プログラムの種類によっては，前もってファイルの大きさを決められない場合も少なくない．その場合，必要とされる最大限の大きさのファイルサイズを確保するしかなく，プログラム終了時には本当に必要とされるファイル以上のファイル領域が確保されてしまい，効率的に2次記憶を利用できない．

この欠点を回避するために，連続領域割り当て方式を拡張し，ある程度の回数に限って，プログラムの実行途中に領域の追加を認める方式が一般的に用いられている．この方式ではプログラムの実行前に宣言したファイルの大きさに追加して，10回程度のファイルサイズの拡張（**エクステント**）が認められる．

13.6 ファイルの整合性の保護

ファイルシステムは，さまざまな管理情報をディスク上に保存する．たとえば，インデックス方式は，セクタ間の連結関係を管理するインデックステーブルと，実際のファイルの内容は別々の場所に保存され，かつ同時にはディスク上に保存されない．そのため，オペレーティングシステムの異常停止や停電などにより，ディスク上に更新の一部だけが書き込まれてしまうことがある．

たとえば，インデックス方式のファイルシステムにおいて，新しいファイルAを作成する場合，以下の手順となる（図13.15）．

① ディレクトリファイル中にファイルAを管理する領域を確保する．

② ファイルAの内容を格納する空きセクタを探して確保し，さらにインデック

---

[1] Windowsなどでは，一つのファイルが物理的に離れたセクタに過度に配置され，結果として一つのファイルにアクセスするためにたくさんのディスクヘッドの移動距離が発生し，ファイルアクセス速度が遅くなる現象もディスクフラグメンテーションとよばれる．通常，連続領域割り当てを行うことは少ないため，この状態をディスクフラグメンテーションとよぶことが一般的である．

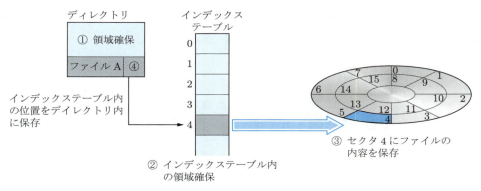

図 13.15　ファイルの書き込み手順

ステーブル内の領域も確保する．

③　②で確保したセクタ位置にファイルの内容を保存する．

④　ディレクトリファイル中，ファイル A 中のポインタ情報に③で保存したセクタ位置を保存する．

⑤　ファイル保存が終了しない場合は②に戻って，セクタ探しを繰り返す．

これらの一連の操作を行う途中で，オペレーティングシステムが異常停止した場合，ファイルシステムにさまざまな形の不整合状態が存在することになる．たとえば，図 13.15 中の②の終了時にオペレーティングシステムが停止した場合，どこからも参照されないセクタが存在することになる．また，③の終了時に停止した場合，セクタに保存された内容を指し示すディレクトリファイル中のファイル情報が存在しないことになる．

　オペレーティングシステムには，ファイルシステムを走査して，どのファイル名からも参照されていないか，インデックステーブルの空き領域として登録されていないセクタや，ファイルの途中で連結が中断されているファイルを見つけ出す機能が存在する[1]．通常，ディスクなどの物理的な 2 次記憶装置をオペレーティングシステムに認識させる場合，マウント操作とよばれる操作を行い，逆に 2 次記憶装置を切り離す場合は，アンマウントとよばれる操作を行うのが一般的である[2]．マウント時には，2 次記憶のある領域に dirty bit とよばれるフラグを立て，アンマウント時にフラグを下ろす．一般に，オペレーティングシステムが異常終了された場合，このアンマウント操作が行われずにオペレーティングシステムや 2 次記憶装置が停止するので，つぎにマウント操作が行われた時点では，dirty bit が立った状態でマウント操作が行われることになる．そこで，オペレーティングシステムはマウント時に dirty bit が立ったことを検出した場合，ファイルの不整合状態の可能性を検出し，修復操作を行うこととなる．なお，この修復操作は，ファイルシステム全体の整合性を確認する必要があり，膨大な時間が必要となる．そこで，Linux ext3 ファイルシステムや Windows NTFS

---

1)　Windows は chkdsk，UNIX は fsck．
2)　Windows の場合，マウント操作は自動で行われるが，アンマウント操作は"ハードウェアの取り外し"操作を明示的に行う必要がある．

142　第13章　ファイル：基礎

は，このような不整合時の修復時間を短縮するためのジャーナリング形式のファイルシステムが用いられている（14.4.3項参照）．

第13章のポイント

1.　2次記憶には大きく分けて，順次アクセスのみ可能である大容量保存の可能な**テープ型デバイス**と，直接アクセス可能な**ディスク型デバイス**がある．

2.　**ファイル**とは，セクタ番号単位でのアクセスしかできないディスク型デバイスを，ユーザが利用しやすいようにファイル名によりアクセスする手段を提供し，ファイル作成に関する制限（作成時期，大きさの拡大縮小）をなくし，複数のプロセスからの共有を可能とする仮想化手段である．

3.　ファイル名を自由に選ぶことができ，また複数の名前で同一ファイル実体をアクセス可能とする手段として**階層化ディレクトリ**が用いられる．

4.　ディスク装置は，CPU装置に比べて非常に低速な装置であるため，ファイルへのアクセス性能が重要であるデータベースシステムなどでは，ファイル名の制限やファイルの大きさの拡張不可など，さまざまな制限がある．

5.　オペレーティングシステムの異常停止などにより，ファイルに不整合が起こる．

演習問題

13.1　つぎの文の括弧内を埋めよ．

　　ファイルへのアクセス方式は大きく分けて，（　　①　　）方式と（　　②　　）方式がある．（　　①　　）方式は主に（　　③　　）デバイスで用いられ，（　　②　　）方式は（　　④　　）デバイスで用いられる．

　　ファイルは，（　　③　　）デバイスの場合，（　　⑤　　）とよばれる単位で読み書きが行われる．プログラム側からみた（　　⑤　　）を（　　⑥　　）とよび，その（　　⑥　　）を複数集めて読み書きのオーバーヘッドを軽減した（　　⑦　　）とよばれる単位で，実際にはテープ型デバイスに格納される．

　　（　　④　　）デバイスは，（　　⑧　　）番号，（　　⑨　　）番号，（　　⑩　　）番号，（　　⑪　　）番号を指定することにより，ディスクのどの位置でも読み書き可能であり，最少アクセス単位は（　　⑪　　）単位となる．また，システムによっては複数の（　　⑪　　）を集めた（　　⑫　　）とよばれる単位でのアクセスを行う場合もある．

　　ユーザにとって，自由でよりわかりやすい名前をつけることができるために開発されたファイルシステムが（　　⑬　　）である．（　　⑬　　）には，現在プログラムが注目しているディレクトリ上の位置を示す（　　⑭　　）とよばれる概念が存在し，（　　⑭　　）からみた注目ファイルの名前表現を（　　⑮　　）表現とよび，ルートを起点とする名前表現を（　　⑯　　）表現とよぶ．

　　直接アクセス方式では，複数のセクタの間の連結関係を情報として保持する必要がある．その方法に，（　　⑰　　）方式と，（　　⑱　　）方式がある．（　　⑱　　）方式は，FATファイルシステムなどで一般的に用いられている．性能向上のために，（　　⑱　　）テー

ブルを（　⑲　）内にあらかじめ読み込むことが行われる．

13.2　UNIX，Windows などに用いられているファイルシステムに，階層化ディレクトリがある．この方式の利点と欠点を説明せよ．

13.3　階層化ディレクトリ方式におけるファイル名の位置透過性を実現するために，リンクおよびシンボリックリンクがある．この両方式の利点と欠点についても示せ．

13.4　データベースシステムは，ファイルのアクセス速度に重点をおいたシステム構築が必要となる．このような場合に用いられるファイルシステムについて説明し，利点と欠点についても示せ．

13.5　ファイルの設計に関して，つぎに示す二つの対案の利点と欠点を説明せよ．
① バイト列（ストリーム入出力）としてのファイルとレコード（ブロック，セクタ）列としてのファイル．
② ファイルの固定長割り当て方式と連続領域割り当て方式．

第14章

ファイル：より進んだファイルシステム

keywords

ディスクキャッシュ，ライトバック方式，非同期入出力，ステージング，MS-DOS，Linux，FAT ファイルシステム，inode 形式

　ハードディスクへのアクセス速度は，CPU の基本サイクルと比べてかなり遅い．そこで重要となるのが，高速化手法と仮想化手法である．本章では，まず，ファイルのアクセス速度を向上させるディスクキャッシュ，非同期入出力について，つぎに仮想化について説明する．その後に，実際のファイルシステムである FAT 方式（一部 Windows で用いられている）と ext3 方式（Linux で用いられている）について説明する．

14.1　ディスクキャッシュ

　ハードディスクなどの 2 次記憶装置へのアクセス速度は，10^{-9} 秒程度（動作クロック数 GHz）で動作する CPU や，10^{-7} 秒程度でアクセスが可能なメモリと比べて，非常に遅い（10^{-3} 秒程度）．つまり，CPU から 2 次記憶をアクセスした場合は，CPU の動作クロックに換算して膨大な待ち時間が必要となる．したがって，ファイルへのアクセス速度の向上は，システム全体の性能向上の非常に重要な要素となる．

　ファイルアクセス速度の向上の一手段として，ファイルの内容を一時的に主記憶に保存する**ディスクキャッシュ**がある．12.1 節のスワップスケジューリングで説明したように，主記憶へページをロードする際も，事前に必要となるページを必要となる時点より前に読み込んでおくプリページングが性能向上に有効であった．この方式を一般的なファイル操作に適用したのがディスクキャッシュである．

　ディスクキャッシュは，図 14.1 に示すように，ファイル中のあるレコードを 2 次記憶から読む際には，隣接するレコードも読んで主記憶に格納する．ファイルのアクセスもページのアクセスと同様に局所性が存在するため，この方法は非常に有効である．書き込み時には，プロセスからの書き込み命令に対して，実際には 2 次記憶内のファイル実体には変更箇所を書き込まず，主記憶上のキャッシュのみに書き込む，**ライトバック方式**とよばれる方式を用いることにより，書き込み時間も大幅に短縮することが可能である（図 14.2）[1]．この方式では，プロセスが必要とするファイルのレコー

---

1)　書き込み時には主記憶上のキャッシュに書き込むと同時に，2 次記憶にも書き込む方式をライトスルー方式とよぶ．

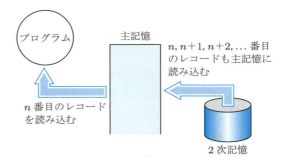

図 14.1 ディスクキャッシュ

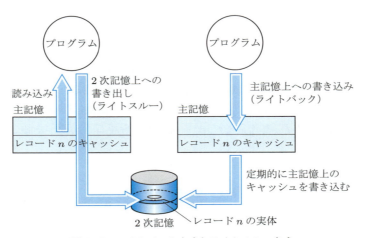

図 14.2 ライトバック方式とライトスルー方式

ドが，すでに主記憶内にキャッシュされているかどうかを高速に調べるために，ハッシュ関数を用いることが多い．キャッシュされているブロックの置き換えなどは，仮想記憶の際のスワップ処理と同様のアルゴリズムが利用可能である．

ただし，メモリ内に読み込まれた内容のみ変更を行うライトバック方式の場合，停電，システムの異常停止など予期しない異常によりファイルシステム自体が破壊される可能性が高くなる．とくにインデックステーブルの破壊はファイルシステム全体の破壊に繋がるため，非常に危険性が高い．そこで，ライトバック方式を採用したシステムは定期的に（十数秒程度），主記憶上のキャッシュの内容を 2 次記憶装置に書き出す操作を行う．

14.2 非同期入出力

ファイルのアクセス速度を向上させるもう一つの方法として，非同期入出力がある．非同期入出力は，プログラムが実行する入出力命令の終了を待たずに，つぎの命令を実行する方式であり，余計な待ち状態への移行をなくすことにより，システムのスループットを向上させる．ファイルへのアクセスは，スーパーバイザコールを通して

行われる．ファイルへのアクセスを要求したプロセスは，そのスーパーバイザコールが終了するまで待ち状態となる．プログラムによっては，読み書きの対象となるファイル実体を，プログラム内でただちに利用する必要のない場合も多い．つまり，ファイルの読み込み（書き込み）命令の実行が終了した時点で，実際に2次記憶上での読み込み（書き込み）の終了を保証しなくてもよい場合も多いので，待ち状態となっても問題ないということである．

このような場合，図14.3に示すように，プログラムからスーパーバイザコールを呼び出した時点で，呼び出し側のプロセスが待ち状態に移行することなく，ただちに実行を再開することを考える．オペレーティングシステムがスーパーバイザコールによる入出力処理を行っている間に，ファイルの読み込み（書き込み）を依頼したプログラムは，自プログラムが呼び出した入出力命令の終了を待つことなく，自プログラム中のほかの処理を実行することが可能となる．このような入出力が非同期入出力（ノンブロッキング入出力）である．プログラムは入出力命令の終了を待つ必要がなく，結果的にプログラムの実効的な効率の向上が期待できる．なお，非同期入出力を用いる際には，プログラム中で読み込み（書き込み）を依頼した操作の終了を明示的に確認した後，読み込んだ（書き込んだ）データへの処理を行う必要があることに注意が必要である．

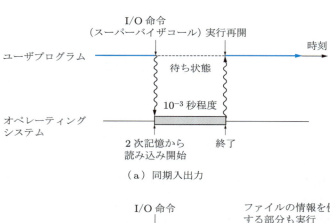

（a）同期入出力

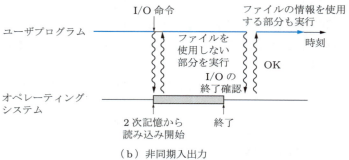

（b）非同期入出力

図14.3 同期入出力と非同期入出力

14.3 ファイルシステムの仮想化

　ファイルシステムを実現するさまざまな2次記憶装置が開発されている．たとえば，テープ装置（MT，DAT や LTO など），DVD-R，DVD-RAM などの光ディスク装置，ハードディスク，電源バックアップの必要のないフラッシュメモリなどである．これらの特徴を表 14.1 に示す．

表 14.1　2次記憶装置の特徴

2次記憶装置	アクセス方式	アクセス速度	信頼性	価格/容量	そのほかの特徴
DAT, LTO	順次アクセス	非常に遅い	高	非常に安い	手動もしくは機械による交換が必要
DVD-R	直接アクセス	遅い	中	安い	1度しか書き込めない
DVD-RAM	直接アクセス	遅い	中	安い	
Hard Disk	直接アクセス	速い	中	中	
Hard Disk (RAID5)	直接アクセス	速い	高い	高い	ディスクの故障によるデータの損失なし
SSD	直接アクセス	非常に速い	高い	かなり高い	駆動部分がないため故障が少ない

　これらの2次記憶装置は，それぞれ長所があるとともに短所もある．一方，計算機が扱うデータは従来のプログラムや単なる数値データだけでなく，音楽データや画像データのように数百 MB から動画像データのように数 GB に及ぶもの，さらにはスーパーコンピュータが扱うような大量のデータの場合は数 TB に及ぶ．

　これらのデータのすべてをハードディスク装置に格納することは，コストの面から現実的ではない．しかし，それぞれの2次記憶装置には，アクセス方式や書き込み方式などに違いがあるため，それぞれの2次記憶の特徴を意識したアクセス手法が必要となるが，それではプログラムが複雑になり，使い勝手が悪くなる．

　そこで，ファイルにもメモリ管理で用いた仮想記憶の概念を導入することが提案されている．図 14.4 にその概念を示す．この方式では，ディレクトリの指す領域はディスクのクラスタだけでなく，たとえば光ディスクやテープ装置内のファイルもインデックス可能とする．たとえば，光ディスク内のあるクラスタがアクセスされた場合，オペレーティングシステムは当該クラスタとその近傍クラスタ（もしくはそのクラスタを含むファイルすべて）をハードディスクに転送した後，ディレクトリを書き換え，転送先のクラスタのアクセスを可能とする．このように，速度や書き込み方式に制限のある2次記憶からハードディスクに転送する方式を**ステージング**とよぶ[1]．

　また，ハードディスク中のファイルのうち，アクセスが長時間行われないクラスタ（ファイル）は，逆に大容量（低速）な記憶装置に転送する．このような方式を使うことにより，ユーザはすべてのファイルを直接アクセス可能，かつ高速なデバイスであるハードディスクに存在するものとして扱うことが可能となると同時に，低速だが大容

---

1)　テープ装置へハードディスクの内容をバックアップするために，ファイルの内容をほかの領域に格納する操作もステージングとよばれる．

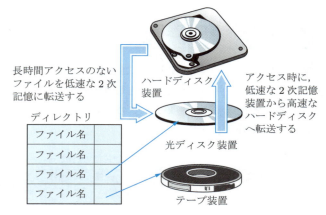

図 14.4　仮想ファイル方式の概念

量のテープ装置も同時にシステムに組み込むことができる．

14.4　事例：MS-DOS と Linux のファイルシステム

　本節では，実際のオペレーティングシステムで用いられているファイルシステムの実装方式について示す．

14.4.1　FAT ファイルシステム

　FAT（file allocation table）ファイルシステム[1]とは，マイクロソフト社の MS-DOS オペレーティングシステムで最初に用いられ，Windows 95，Windows 98[2]，さらにはディジタルカメラ，USB オーディオ装置などの記憶メディアであるコンパクトフラッシュメモリ，SD カードなどのファイルシステムとしても用いられている．
　図 14.5 に FAT ファイルシステムのディスク装置の最初の数セクタの構成を示す．

セクタ番号		
0	BPB（ブートセクタ）	
1〜9	FAT1	インデックステーブル
10〜18	FAT2	FAT1 のバックアップ
19〜25	ルートディレクトリ	ルートディレクトリのファイル情報
26〜	データ領域	ファイル実体もしくはサブディレクトリ

図 14.5　FAT ファイルシステムでのディスク構成

1）FAT ファイルシステムには，FAT12，FAT16，FAT32，さらには長いファイル名を扱うことが可能な VFAT などさまざまなバージョンが存在する．
2）Windows XP 以降では，セキュリティやディスクフラグメンテーションの問題に対応した NTFS を用いることが可能である．

最初のセクタはブートセクタという，ディスクの構成を示すBPB（BIOSパラメータブロック）とオペレーティングシステムを主記憶にロードするためのブートプログラム領域である．そのつぎにFAT領域，階層化ディレクトリの開始位置情報を格納するルートディレクトリ領域があり，実際にデータが格納されるデータ領域はさらにその後に配置される．なお，FAT情報は，複数の飛び飛びに配置されたセクタ群を一つのファイルとして構成する際に非常に重要なインデックス情報であり，この情報の破壊はディスク内すべての情報の破壊に繋がる．したがって，ディスク上の異なる二つの領域に同一のFAT情報を格納し，耐故障性の向上を図っている．

FAT16では，ディスク全体を $2^{16} = 65536$ 個のクラスタとよばれる単位に分割して管理し，最大2GBまでのディスク領域を管理できる．また，FAT32ではディスク全体を $2^{32} = $ 約42億個のクラスタに分割して管理し，最大2TBまでのディスク領域を管理できる．

FAT16で管理されている2GBの容量をもつディスクの場合，1クラスタは32KBとなる．したがって，1Bのファイルであっても，ディスク上の領域としては32KBの領域を占有することになる．もし，すべてのファイルが1Bであった場合，ディスクの実質的な使用効率は 1B/32KB = 1/32768，すなわち 0.003 パーセントとなる．

FATファイルシステムでは，複数のクラスタの連結管理をインデックス方式により管理する．ディスク領域にはクラスタごとに0から順に番号が付けられる．図14.6に示すように，FATファイルシステムではクラスタ番号を索引として，ディスク上のつぎのクラスタ番号へのエントリーを格納する．図では，ディレクトリ内のクラスタ番号0002が最初のファイル実体であり，FAT領域内の2番目のインデックスで示されるクラスタ番号0003がつぎのファイル実体，その後0004，0007，0005，0006のクラスタにより一連のファイルを構成する．

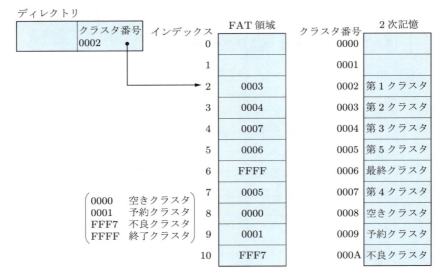

図 14.6　FATと空きセクタ，不良セクタ

もし，クラスタがファイルの最終クラスタの場合，FAT 内には，つぎのクラスタ番号ではなく，ファイルの終わりを示す情報(FFFF)が格納される．また空きクラスタ(0000)や使用不可能な不良クラスタ(FFF7)を示す情報も格納される．

FAT ファイルシステムにおけるディレクトリ構造を図 14.7 (a)に示す．ディレクトリの各エントリーは 32 B で構成され，ファイル名は 8 B，さらに拡張子が 3 B である．その後，属性，作成および参照日付情報のあと，第 1 番へのブロック番号，ファイルサイズ(大きさ)の情報が格納されている．なお，Windows 98 から導入されたディレクトリ構造は長いファイル名を導入したため，ファイル名のみ別エントリーとして保存する(図(b))．

(a) ディレクトリ構成

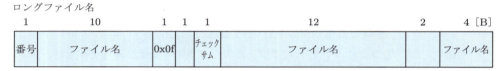

(b) Windows 98 で導入されたファイル名を保存するエントリー部

図 14.7　FAT ファイルシステムでのディレクトリ構成

FAT ファイルシステムでは，オペレーティングシステムがディスクを認識(マウント)する際に，FAT 領域を主記憶にコピーする[1]．通常の読み書き時には，メモリ内にあるコピーした FAT 情報のみを参照および更新する．一定時間ごとに，オペレーティングシステムがディスクシステムを解放する際，FAT 領域をディスクに書き出すことにより，ディスク内とメモリ内の FAT 情報の一貫性を確保する．

14.4.2　inode 形式と ext3 ファイルシステム

UNIX では，inode 形式とよばれる方式でファイルを管理している．FAT ファイルシステムと同様に，基本的には，inode 形式もインデックス方式によりクラスタ領域を管理するが，FAT ファイルシステムに比べてより大容量のディスクをできるかぎり少ない inode 領域で管理するために階層構造を用いている[2]．ここでは，主に Linux で採用された ext3 ファイルシステムについて説明する．

図 14.8 に inode 形式での管理について示す．inode には，クラスタの位置を示すポインタ情報を格納する領域が 15 エントリー存在する．15 エントリー中最初の 12 エ

---

[1] ハードディスクは，明示的にマウント・アンマウント操作を行うため，アンマウント時に主記憶にコピーした FAT 領域をハードディスクに書き戻すことが可能である．一方，フロッピーディスクはアンマウント操作を行わずに取り出すため，FAT 領域を主記憶にコピーすることはできない．

[2] 小容量のディスクを前提に設計された FAT と，最初から大型・中型計算機で用いる大容量ディスクを前提に設計された思想の違いである．

14.4 事例：MS-DOS と Linux のファイルシステム

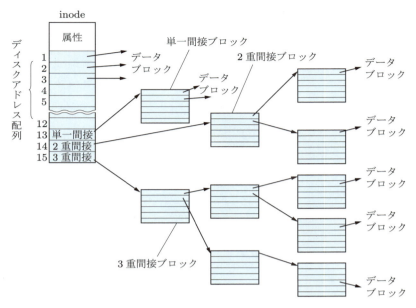

図 14.8 inode 形式での管理

ントリーは，FAT ファイルシステムと同様に，直接クラスタ番号（ポインタ情報）を表す．残りの3エントリーは，ファイルシステムにおける階層化ディレクトリと同様に，間接ブロックへのポインタ情報を表す．間接ブロックにはディスク上のクラスタ番号へ最大 1024 個のエントリーを格納できる．

1クラスタを 8 KB とした場合，ディスク上にある最初の 96 KB までのディスク領域は，inode から直接示される．しかし，それ以外の領域のデータは，間接ブロックを参照した後，さらに間接ブロック内の情報を参照することにより，指定されたクラスタ領域にアクセスすることが可能となる．なお，13 番目のエントリーは1重の間接領域を用いるが，14 番目は2重，15 番目は3重の間接領域を経由し，最終的にクラスタへのポインタ情報を得ることが可能となる．3重の間接領域を用いることにより，合計 1 073 741 824 個（1024 × 1024 × 1024）のクラスタ領域を指定することが可能となり，もし1クラスタが 8 KB で管理されていた場合は，8 TB（1024 × 1024 × 1024 × 8192 B = 8 796 093 022 208 B）のディスク領域を管理することが可能となる．

ext3 ファイルシステムにおけるディレクトリ構成を図 14.9 に示す．ext3 のファイルシステムにおけるディレクトリ構成は，4 B の inode 番号，エントリーの大きさ，ファイルの種類，ファイル名から構成される．FAT ファイルシステムと異なり，inode 番号，ファイル名以外はすべて inode で設定され，管理される．

14.4.3 ジャーナリングによる整合性の保護

13.6 節で説明したファイルの不整合が起こる原因は，不可分に行われるべき複数の情報更新途中でオペレーティングシステムが異常停止することに原因がある．ジャー

| inode 番号 | エントリーの大きさ | 種類 | 名前長 | ファイル名 | GAP |

ファイル名と inode 番号のみが設定可能であり，それ以外は inode 側で設定される．また，ファイル名の長さはシステムによって異なる．

図 14.9　ext3 ファイルシステムのディレクトリ構成

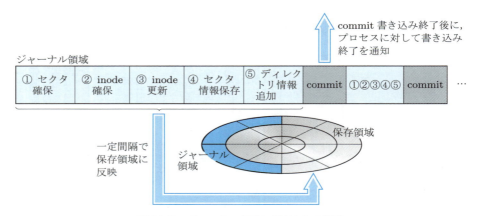

図 14.10　ジャーナル領域に保存される情報

ナリングは，ファイルシステム内のジャーナル領域とよばれる特別な領域に，まずファイルに対する複数の更新情報をいったん記録した後，適切な時期に真の保存領域（以下，保存領域）に書き込み操作を行う方式である（図 14.10）．

ext3 ファイルシステムの場合，新しくファイル A を作成する場合には以下の手順となる．

① ファイルの内容を書く空きセクタを決定し，確保する．
② 使用する inode を確保する．
③ 確保した inode に新しいファイル A の管理情報を更新する．
④ inode に①で確保したセクタのポインタ情報を保存する．
⑤ ディレクトリファイルに②で確保した inode を示すポインタ情報をファイル名 A として追加する．

ジャーナリングは，この五つの操作を実際には行わずに，まずファイルシステム内のジャーナル領域に書き込み，一連の操作の書き込み終了を示す commit フラグを最後に書き込んだ後，ファイル書き込みを依頼したプロセスに対して書き込み終了を通知する．その後，ジャーナル領域に書かれた一連の操作は，ある間隔で保存領域に反映する．

たとえば，ジャーナル領域に書き込んでいる途中に，オペレーティングシステムが停止した場合，再起動後ジャーナル領域に commit フラグで終了していない一連の処理は廃棄されるため，保存領域が破壊されることはない．また，ジャーナル領域に書かれた一連の操作を，保存領域に反映中に停止した場合は，再起動後，再実行を行うことにより整合性の確保が可能となる．

ext3 には，どのデータをジャーナル領域に保存するかの違いで，つぎの三つのモードが存在する.

① ordered モード　　データが保存領域に確実に書かれた後で，そのデータを管理する inode 情報，ディレクトリ情報をジャーナル領域に書き込む.

② writeback モード　　データの保存領域への書き込みを待たずに，ジャーナル領域に管理情報の書き込みを開始する．このモードでは，データの書き込みを待つ必要がないため，書き込み性能は向上するが，停止のタイミングによっては，管理情報のみが書き込まれるという不整合が起こる場合がある.

③ journal モード　　データの書き込み内容もジャーナル領域に書き込む方式である．このモードは ordered モード，writeback モードとは異なり，確実に整合性の確保が可能である.

journal モードは，サイズの小さい管理情報だけでなく，書き込みデータもジャーナル領域に書き，さらにジャーナル領域から保存領域にも転送する必要があるため，ファイルシステム全体の性能低下につながる．したがって，ext3 の標準としては，書き込み性能とファイルの整合性のバランスを考えた ordered モードが採用されている.

第 14 章のポイント

1. ファイルシステムの性能向上のために，ファイルを必要とする前に主記憶にあらかじめ読み込み，また書き込みを主記憶にのみ行う**ディスクキャッシュ**が用いられる.

2. 入出力の完了を待たずに，入出力関数の終了を呼び出し側プログラムに返す入出力方式として**非同期入出力**がある．この方式を用いることによりプログラム中で入出力処理と，ほかの仕事を多重化して実行することが可能となる.

3. さまざまな 2 次記憶に対して，統一したアクセス方式を提供するために，ファイルシステムを仮想化する方式が用いられることが多くなった.

演習問題

14.1 ディスクキャッシュにおける，ライトバック方式とライトスルー方式を説明せよ.

14.2 非同期入出力を用いたとき，プログラム側で考慮する必要のある点について考察せよ.

14.3 ハードディスク装置のアクセス速度や信頼性などを向上させる技術として RAID (redundant array of inexpensive disks) がある．RAID 0, RAID 1, RAID 5 について，それぞれ調べてまとめよ.

COLUMN ファイル

　第13, 14章では，2次記憶内に存在するファイルを指定するための手段として，ファイルに名前を付けるファイル名による指定と，さらに人間にわかりやすい枠組みとして階層化ディレクトリを導入した．名前による「物」，「場所」，「情報」の指定は人間にとって受け入れやすく，長い間2次記憶管理でも用いられてきた．今後もこの方法は主流であり続けるだろう．

　しかし，安価なパーソナルコンピュータの2次記憶装置の容量でさえも，1 TB（1000 GB）を越えている（2018年現在）．つまり，安価なパーソナルコンピュータでさえ，新聞紙換算で5000万枚の情報を保存することが可能なわけである．階層化ディレクトリがいかに人間にとって管理しやすいしくみであっても，これらの膨大な情報に名前を付けて覚えておくことは不可能に近い．また，2次記憶に保存される情報は，ワープロ，表計算などに用いるテキスト情報だけにとどまらず，音楽（mp3など），静止画像，動画像など多種多様である．

　一方，インターネット上のWeb世界では，初期の段階ではURLによる情報の指定が一般的であった．この方式は，ファイル名による情報の指定と同様の考え方である．Web上に公開される情報が膨大になるにつれ，その情報を整理，検索するサービスが出現した．まず登場したサービスが，Yahoo情報検索サービス（1995年）である．Yahoo社は，インターネット上に公開されている情報を人手により分類し，有用な情報の選択を行い，各ページへの索引をURL情報として，ユーザに紹介するWebポータルを立ち上げた．この手法を2次記憶内のファイル整理，検索に当てはめた場合，几帳面なパーソナルコンピュータの利用者が，自分の作成した情報を整理，検索する状況に似ている．

　一方，Web上の膨大な情報の人手による整理とは異なるアプローチとして，Web検索エンジンがある．1995年DEC社により開発されたAltaVistaは，インターネット上のあらゆる情報を自計算機にダウンロードするとともに文字情報のみを抽出し，インデックス（索引）を作成し，さらに作成したインデックスを用いたURL検索をWebインターフェースを用いてインターネットのユーザに提供した．つまり，たとえば「オペレーティングシステム AND ファイル名」を検索語としてWebブラウザを用いて指定すると，インターネット上で公開されているWebページ中，両語が同時に存在するページのURLを，検索結果としてユーザのWebブラウザ上に表示するサービスである．この形態のサービスは，現在のWeb検索の主流となり，このサービスを提供しているグーグル社は，インターネットの情報提供において大きな力をもつこととなった．

　このWeb検索エンジンの手法を，2次記憶内のファイル整理，検索に当てはめることを考える．この場合，インターネット上に無秩序にある情報と同様に，2次記憶上に保存された情報をファイル名および階層化ディレクトリにより整理するのではなしに，検索語によりファイルを指定することになる．つまり，ファイル中に「オペレーティングシステム」と「ファイル名」という言葉の存在するファイルや，ファイル中に「オペレーティングシステム」があり，作成日が1週間以内であり，かつパワーポイントで作成されたファイル という形式でファイルを指定する手法である．しかもこの検索のためのインデックス作成は，ファイル作成（変更）時にリアルタイムで行うた

め，ファイル検索は瞬時に行うことが可能となる．

この考え方を導入したファイルシステムの拡張として，アップル社の MacOS X 10.4 tiger 以降にに実装された Spotlight，さらにマイクロソフト社のデスクトップサーチファイル検索システムがある．今後，さらなる 2 次記憶量の増大に伴い，大容量かつさまざまな形式のファイル群から必要なファイルを探し出す技術がますます重要となる．

第15章

仮想化

keywords

ABI，仮想計算機，完全仮想化，準仮想化，VMX，VMX root モード，VMX non-root モード，EPT

オペレーティングシステムの目的の一つは，ハードウェアリソースの仮想化（CPUやメモリ）である．一方，計算機にはメニーコア CPU，大容量の主記憶・2次記憶など，一つのオペレーティングシステムでは使い切れないハードウェアリソースが配置されている場合が多い．本章では，仮想化の二つの手法について実現方法を示すとともに，仮想化のオーバーヘッドを削減するための CPU 支援機能について，新しい実行モードの実装と，仮想アドレス変換の効率化についても説明する．

15.1 仮想化の背景

IT システムの複雑化に伴い，一つのシステムを構成する計算機（サーバ）数が増加している．たとえば，電子商取引を行う Web システムを構成するシステムでは，Web サーバ1台で構成されていることは少なく，図 15.1 に示すように，Web サーバは，アカウント管理を行うサーバ，商品を検索するデータベースサーバ，買い物かごを管理するアプリケーションサーバなど多数で構成されていることが一般的である．

また，IT システムには寿命が存在する．しかし，その寿命はハードウェア，オペレーティングシステム，アプリケーションにそれぞれ存在し，通常，

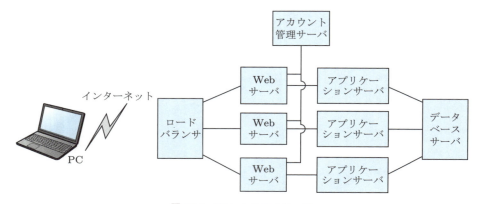

図 15.1　Web システムの一例

アプリケーション ＞ オペレーティングシステム ≫ ハードウェア

の順に長い．つまり，アプリケーションは，システムをユーザに提供しているサービス提供側から考えれば，変更は可能なかぎり避けたいため，結果として寿命は長くなる．一方，ハードウェアは数年で部品が供給されなくなり，買い換えざるをえなくなるため，短い．

オペレーティングシステムやアプリケーションに提供するハードウェア **ABI**(application binary interface)や，ハードディスク，ネットワーク，キーボードなど各種デバイスドライバの形式さえ変更がなければ，容易にハードウェアを更新することが可能となる．つまり，図 15.2 (a)のように，ハードウェアを ABI を通じて直接オペレーティングシステムが操作するのではなく，図(b)のように，その間に**仮想化モニタ**(virtual machine monitor：**VMM**)を設けることにより，オペレーティングシステム(以下，ゲストオペレーティングシステム)やアプリケーションには，ハードウェアを気にせず，ABI やデバイスドライバを提供できる．したがって，ハードウェアを交換した際にも，オペレーティングシステムやアプリケーションに影響を及ぼすことがないため，容易にハードウェアの更新が可能となる．VMM 上で実行される計算機のことを**仮想計算機**(virtual machine：**VM**)とよぶ．

また，最近の CPU は一つの物理的な CPU パッケージ内に複数の論理 CPU（コア）を配置した構成が一般的となり，主記憶も大容量である場合が多い．したがって，図 15.2 (c)に示すように，一つのハードウェア上に複数のオペレーティングシステムを同時に実行させることが可能となった．通常，一般的なサーバの CPU 利用率は平均十数パーセントと考えられているので，複数のオペレーティングシステムを同時実行させることは CPU の実行効率からみても効率的である．

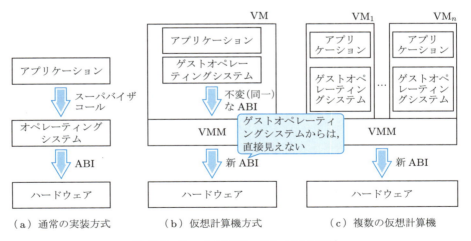

図 15.2　スーパバイザコールと ABI の関係

15.2 仮想化の方式

仮想化は比較的古い概念である．しかし，オペレーティングシステム上でオペレーティングシステムを実行させることになるため，特権命令の扱いを考慮する必要がある．この特権命令の扱い方の違いにより，完全仮想化と準仮想化に分けられる．

15.2.1 実行モードと特権命令

通常の実装方式では，図 15.2 (a) に示したように，オペレーティングシステムが直接，特権命令によりハードウェアを呼び出す．一方，VM 上で実行するゲストオペレーティングシステムでは，図(b)に示すように，処理を依頼する対象は VMM となる．ここで問題となるのが，第 2 章で説明した CPU 内の二つの処理モードであるスーパバイザモードとユーザモード，さらにはユーザモードからスーパバイザモードに遷移する命令であるスーパバイザコール割込みと，スーパバイザモードのみで実行可能な特権命令の扱いである．なお，以下の説明では CPU としてインテル社の IA-32 アーキテクチャ（たとえば Corei7/i5/i3）を前提にする．

IA-32 アーキテクチャでは，ring0 から ring3 とよばれる四つの処理モードが存在するが，Windows OS など通常の OS の実装では ring0 と ring3 しか使われない．ring0 がスーパバイザモードであり，ring3 がユーザモードである．仮想化でない実装の場合は，図 15.3 (a) に示すように，ring0 でオペレーティングシステムが実行され，ring3 でユーザプロセスが実行される．つまり，ユーザプロセスがスーパバイザコールを発行した場合，ring0 で実行されているオペレーティングシステムに処理を移行し，特権命令を実行する．しかし，図(b)のように，ring0 で実行される VMM からみた場合は VM が ring3 で実行されるため，VM 上のオペレーティングシステムが発行する特権命令は実行できない．そこで，VM，VMM での特権命令の扱い方により，完全仮想化と準仮想化の二つの方式が存在する．

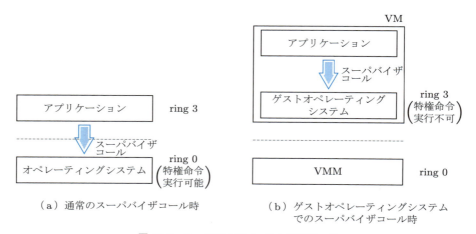

図 15.3　スーパバイザコールと処理モード

15.2.2　完全仮想化

ring3 で動作中のゲストオペレーティングシステムが特権命令を実行した場合，プログラムチェック割込み（2.2.1 項参照）を発生させて，割込み処理ルーチンに処理を移行させる．この割込み処理ルーチンで特権命令の内容を解析し，必要に応じて VMM に処理を移行させる．つまり，ユーザモードでゲストオペレーティングシステムを動かすことが可能となる．

ユーザモードで動作するゲストオペレーティングシステムは，自分の動作している環境（仮想化であるかないか）をまったく意識する必要がないため，**完全仮想化**とよばれる．しかし，特権命令をいったん割込み処理ルーチンで受けた後，さらに VMM に処理を移行させる必要があるという欠点がある．この処理は特権命令を実行するたびに追加されるため，オーバーヘッドが大きい．さらに，プログラムチェック割込みを発生できない一部の特権命令が存在するため，VMM はオペレーティングシステムの特権命令の実行を常時監視する必要があり，こちらの処理も大きなオーバーヘッドとなる．

15.2.3　準仮想化

ゲストオペレーティングシステム上で実行するユーザプロセスが特権命令を必要とする際は，通常はスーパバイザコールを行うが，仮想化の場合，ゲストオペレーティングシステムは VMM からはユーザプロセスであるため，特権命令は実行できない．そこで，ゲストオペレーティングシステムの呼び出し処理のうち特権命令が必要となる部分のソースコードを変更し，新しく ring1 に遷移するハイパーバイザーコールとよばれる新しい関数呼び出しに置き換える．そして，このハイパーバイザーコール呼び出しを受けてゲストオペレーティングシステムは，さらに VMM を呼び出し，VMM 上で特権命令を実行する．この方式を**準仮想化**とよぶ．この方式は，ソースコード中の特権命令の部分だけをハイパーバイザコールに置き換えるだけでなく，テーブルの更新処理，割込み処理ルーチンの登録のような大きな処理単位で VMM に処理を依頼する場合が一般的である．大きな処理単位で依頼することにより ring0 と ring1 間の状態遷移を少なくすることが可能となり，完全仮想化と比べてオーバーヘッドが激減する．しかし，ソースコードレベルの書き換えが必要であるため，すべてのオペレーティングシステムに対して適用できるわけではない．

15.3　仮想化のオーバーヘッドと CPU 支援機能

仮想化が一般的となったため，CPU メーカは仮想化のためのオーバーヘッドを軽減するさまざまな支援機能を導入した．本節では，特権命令，仮想アドレスに対する支援機能を中心に示す．

15.3.1　VM 用の新たな CPU 実行モード

完全仮想化は，ゲストオペレーティングシステムを選ばないため，柔軟性が高い．そこで，インテル社は，"Virtual Machine Extension"（VMX）とよぶ新しい CPU の動作モードを追加した．VMX には，従来の ring0 から ring3 までの動作モードに加えて，VMX root モードと VMX non-root モードとよぶ二つのモードが追加された（図 15.4）．これにより，ゲストオペレーティングシステムを ring0 かつ VMX non-root モードで実行することで，アプリケーションからのスーパバイザコールを ring0 上で実行可能となった．

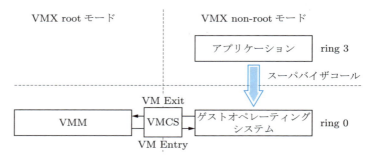

図 15.4　VMX root モードと VMX non-root モード

VMX non-root モードで実行されているゲストオペレーティングシステムから特権命令が発行された場合，VMX root モード上で実行している VMM に実行を依頼（VM-Exit 命令）することにより，VMM 上で特権命令が実行され，命令終了後 VMM からゲストオペレーティングシステムに実行が移行する（VM-Entry 命令）．

これら一連の操作は，単にプロセスを中断させるコンテキストスイッチ操作とは異なり，保存しなければならない情報が多い．そこで，新たに仮想マシン制御構造体 VMCS（virtual machine control structure）を定義し，この VMCS の保存，読み込み用のマシン語も実装され，VMX root モードと non-root モード間の遷移の高速化が実現された．

15.3.2　仮想アドレス変換

オペレーティングシステムが管理する主記憶は，物理アドレスでアクセスする物理メモリである．したがって，オペレーティングシステムはプロセスが指定した仮想アドレスを，ページテーブルと MMU を使って物理アドレスに変換する（図 15.5 (a)）．

一方，VM 上で動作中のゲストオペレーティングシステムがアクセスする主記憶は，ゲストオペレーティングシステム側からみた場合，当然，物理アドレスとして扱われる．しかし，VMM 側からみた場合，ゲストオペレーティングシステムに提供される主記憶は VMM が管理する仮想（論理）アドレス空間である．したがって，VMM 側は，ゲストオペレーティングシステムが指定したゲストオペレーティングシステム側からみた場合は物理アドレス，VMM 側からみた場合は仮想アドレス（以下，仮想物理アドレスとよぶ）を，VMM が管理するページテーブル 2 を用いて，物理アドレス

15.3 仮想化のオーバーヘッドと CPU 支援機能　　161

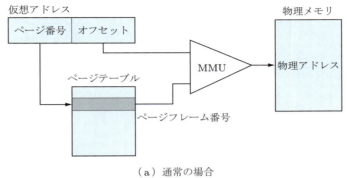

（a）通常の場合

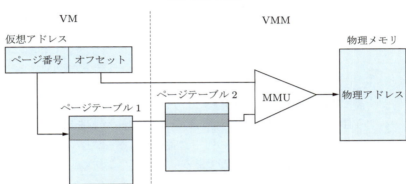

（b）VM と VMM を経由する場合

図 15.5　仮想アドレスから物理アドレスへの変換

に変換する必要がある（図 15.5 (b)）．しかし，通常の CPU（MMU）には一階層分のページテーブルしか実装されていない．

　CPU（MMU）はページテーブルのアドレスを PTAR（page table address register）に保持しており，CPU がメモリを参照するごとに MMU はページテーブル（と TLB）を参照し，ページ番号からページフレーム番号を生成する．そこで，VMM はゲストオペレーティングシステムによるページテーブルの更新を常時監視して，変更内容を VMM 内のシャドウページテーブルに反映させ，図 15.5 (b) の 2 段の変換を一度で行うことのできるシャドウページテーブルを作成する（図 15.6）．ゲストオペレーティングシステムが PTAR を参照する命令は特権命令であるため，ページテーブル参照時，VMM に制御を移すことは可能である．そこで，ゲストオペレーティングシステムは VMM 内の PTAR を用いてシャドウページテーブルを参照し，ページフレーム番号を得る．この方式を**シャドウページテーブル方式**とよぶ．

　しかし，VMM は常時ゲストオペレーティングシステム内のページテーブルを監視する必要があり，オーバーヘッドは大きい．そこで，VMX では，**EPT**（extended page table）とよぶ拡張機能を実装し，CPU 内で仮想物理アドレスから物理アドレスへの変換を可能とした．EPT により，CPU はまずゲストオペレーティングシステムが管理するページテーブルで，仮想アドレスから仮想物理アドレスへの変換を行った

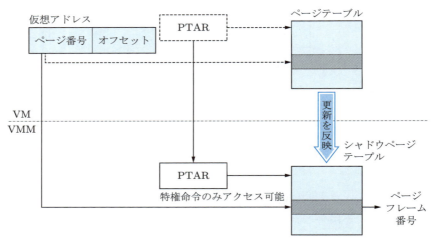

図 15.6　シャドウページテーブル方式

後，VMM が管理する EPT により仮想物理アドレスから物理アドレスへの変換を行う（図 15.7）．この方式の欠点は，ページテーブルを用いたアドレス変換が 2 回必要となることと，また 1 回のページ番号からページフレーム番号の変換に必要な TLB 容量も 2 倍必要となることである．しかし，この欠点で生じるオーバーヘッドは，ほとんどの場合において，ゲストオペレーティングシステム内のページテーブルの監視オーバーヘッドに比べてはるかに小さい．

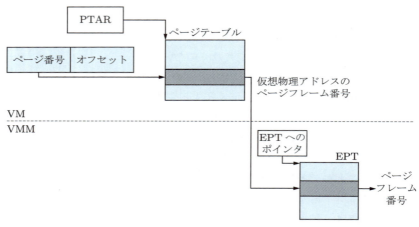

図 15.7　EPT 方式

15.3.3　その他支援機能

オペレーティングシステムが必要とするハードウェア資源は，メモリと CPU だけではない．たとえば，ネットワークインターフェース，ハードディスク装置など多種多様である．これらのデバイスは，VMM を通じてゲストオペレーティングシステムに提供する必要がある．提供の方式には以下のものがある．

演習問題　　163

① **パススルー割り当て**　　一つのゲストオペレーティングシステムのみにあるデバイスを提供する．VMM はまったく関与せず命令が通過する．当然，一つのデバイスを複数のゲストオペレーティングシステムで共有することはできない．

② **デバイスエミュレーション**　　デバイスの挙動を VMM 内でエミュレーション[1]する．したがって，適切なスケジューリングをすることにより，一つのデバイスを複数のゲストオペレーティングシステムで利用することが可能となる．

パススルー割り当ては，ゲストオペレーティングシステムが直接デバイスを利用可能なので，高速なアクセスが可能となる．一方，デバイスエミュレーションは利便性が高いが，オーバーヘッドが大きい．とくに，I/O 装置と主記憶との間での転送を行う DMA (direct memory access)[2]のエミュレーションのコストが相対的に大きく，高速性を要求される DMA をソフトウェアで実現することは困難である．そこで，VMX では拡張命令として VT-d とよばれる一連の拡張命令を導入した．

一連の仮想化支援機能により VM 上でオペレーティングシステムを動作させた場合のオーバーヘッドは数パーセント程度となり，仮想化の利用が激増した．

第 15 章のポイント

1. CPU や主記憶のリソースの増加や，アプリケーションプログラムの長寿命化により，ハードウェアを仮想化する手法が一般的となった．
2. 仮想化の手法として，オペレーティングシステムのソースコードの変更の必要のない**完全仮想化**，ソースコードを変更することによりスーパバイザコールではなく，ハイパーバイザコールとよぶ新しい処理モードを用いる**準仮想化**がある．
3. 完全仮想化のオーバーヘッドを提言するために，CPU に種々のハードウェア支援機能が実装された．

演習問題

15.1　図 15.2 (b)，(c)で示した仮想化の方式と異なる実装方式であるコンテナについて調べよ．

15.2　仮想計算機の一つのアプリケーションであるライブマイグレーションについて調べよ．

15.3　仮想計算機のデメリットについて考察せよ．

---

1)　特定の動作を，ほかの装置上のソフトウェアを用いて実現すること．
2)　CPU を介さずに I/O 装置と主記憶との間でデータの転送を行う方式．

COLUMN　クラウドコンピューティング

ハードウェアとしての計算機(PC)を購入し，オペレーティングシステムとアプリケーションをインストールして使う．また，壊れるまで，もしくは性能が不足するまでそのハードウェアを使い切る．この形が計算機の通常の購入モデルである．しかし，仮想計算機の普及により，必要なときに必要な性能の仮想計算機をサービスとして購入するということが可能となった．"サービスとして購入"ということは，たとえばレンタカーを例にとるとわかりやすい．レンタカーは必要なときに，必要な性能の車を借りるのであり，特定の車自体を所有はしない．つまり，サービスとして車を借りているわけである．

クラウドという言葉は，インターネットを経由して使用するが，どこにあるかわからない（気にしない）計算資源を利用する形態を指すものとして，2006年にグーグル社のCEO エリック・シュミットが初めて使ったといわれている．

また，サービスレイヤーは通常，図15.8のように，ハードウェアである計算機の上に，インフラストラクチャ層，プラットフォーム層，アプリケーション層で構成され，その上にアプリケーションを使うクライアントが存在する．したがって，クラウドサービスとして提供される種類は以下の三つに分かれる．

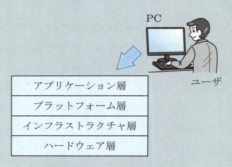

図 15.8　サービスレイヤー

① SaaS (software as a service)　アプリケーションソフトウェアの利用をサービスとして提供してもらう形態．電子メール（Google Mail, Windows Live Mail）やグループウェア（Microsoft Office365）などが一般的である．

② PaaS (platform as a service)　ライブラリの利用をサービスとして提供してもらい，ユーザはそのライブラリを使ってアプリケーションを構成する形態．提供されるライブラリを使うと，ユーザはクラウドを意識することなしにクラウドの利便性（対故障性能，柔軟なサーバ台数の増減）を享受できる．具体的な例としては，Google App Engine, SAP HANA Enterprise Cloud, Amazon S3 などがある．

③ IaaS (infrastructure as a service)　仮想ハードウェアそのものをサービスとして提供してもらう形．ユーザはこの仮想ハードウェア上に自由なオペレーティングシステムを導入し，さらにその上にアプリケーションの構築を行う．Google Compute Engine や Amazon Elastic Compute Cloud (EC2) などがある．

COLUMN クラウドコンピューティング 165

　クラウド利用の利点は，単に必要なときに必要なだけ計算機資源を導入できるだけでなく，計算機資源の集約化による電力効率の向上や，クラウドへの入力を集中して守ることが可能となり，サイバー攻撃からの防御能力の向上などがある．

　大量の計算機を集めたデータセンターを構築することにより，冷却のために必要な装置も効率配置することが可能となる．計算に必要な電力を 1 とした場合，冷却に必要な電力を加えた総電力を PUE (power usage effectiveness) とよび，省電力の指標となる．代表的なグーグル社のデータセンターは PUE が 1.1 を切る，すなわち，計算機に必要な電力に追加して 10%の電力で冷却が可能なデータセンターである．通常の社内に構築したデータセンターの PUE が 1.5 を切ることは困難であることを考えると，いかに高効率であるかがわかる．

　また，クラウド上にデータを上げることは，セキュリティ上危険であるように考えて，重要なデータは社内に保存する組織が多い．しかし，たとえばグーグル社など代表的なクラウドベンダーの場合，数千人規模のセキュリティ監視，確保要員が配置されており，一企業が独立で社内のデータセンターを守る場合とまったく比較にならない資源が投入されている．どちらに軍配が上がるかは明らかである．

　クラウド利用は今後止めることのできない流れであり，その利点と欠点を考慮しながらシステム構築を行う必要がある．

さらなる勉強のために

　本書では，オペレーティングシステムの基礎的な事項に絞って取り上げた．したがって，多くの書籍で取り上げられている，ハードウェア実装に近い部分，UNIX を前提としたさまざまな実装例，ネットワークなどは省略した．そこで，今後オペレーティングシステムをより深く学習したい場合の参考となる書籍について紹介する．

　まず，オペレーティングシステムそのものをもっと広範囲に学習したい場合は，

　　Andrew S. Tanenbaum, Herbert Bos：Modern Operating Systems 4th edition,
　　Pearson, 2014th.

を勧める．この本はオペレーティングシステムに関するバイブル的な良書である．翻訳書もあるが，ぜひとも原書を読むことをお勧めする．とくに前半部分は，本書で取り上げた部分に対してより詳細な記述があり，また後半部分は分散オペレーティングシステムに関する説明となる．後半部分は少し内容が高度になるため，主に情報工学の学部高学年以上向けである．

　また，日本人の手によって書かれたオペレーティングシステムの書籍としてはつぎのものが非常に詳しい．

　　前川守：オペレーティングシステム，岩波書店，1988.

　さらに，Linux を対象にしたオペレーティングシステムの設計の解説書としては，

　　Daniel P. Bovet and Marco Cesati（高橋浩和監訳）：詳細 Linux カーネル（第 3
　　版），オライリー・ジャパン，2007.

を勧める．この解説書は Linux の実装を解説した本であり，オペレーティングシステムの参考書としても有効である．ただし，オペレーティングシステムの広範囲の知識とともに，プログラミングの知識も必要である．

　主にプロセス間の協調に関してさまざまな例題をもとに解説した良書としては，つぎのものがある．

　　W. Richard Stevens（篠田陽一訳）：UNIX ネットワークプログラミング第 2 版
　　Vol.2，ピアソン・エデュケーション，2000.

　そのほかの参考書としてはつぎのものなどがある．

　（1）竹内覚：Linux のしくみ—実験と図解で学ぶ OS とハードウェアの基礎知識，
　　　技術評論社，2018.

（2）Abraham Silberschatz ほか（土井範久監訳）：オペレーティングシステムの概念，共立出版，2010.

（3）川合秀実：30 日でできる！ OS 自作入門，マイナビ出版，2016.

（4）吉澤康文：Linux のしくみ—実験と図解で学ぶ OS とハードウェアの基礎知識，電子情報通信学会，2015.

演習問題解答

第1章

1.1 プロセスは，オペレーティングシステム側からみたリソースの割り当て対象であり，ジョブとは，ユーザ側からみたオペレーティングシステムに対して処理を依頼する，ひとまとまりの仕事を表す．したがって，一つのジョブは通常一つ以上のプロセスから構成される．なお，ジョブという言葉は，バッチシステムで一般的であり，TSS を基本とするオペレーティングシステムではあまり用いられない．

1.2 **Windows，Unix**：オペレーティングシステムとしてのスループットを向上するという目的より，使いやすいユーザインターフェースに CPU リソースを配分することを重要視して設計されている．ディスクへのアクセスも高速性より，使いやすいファイル名，使いやすいアクセス方式に重点をおいている．

メインフレーム用オペレーティングシステム：ユーザインターフェースは犠牲にしてスループットを向上させ，ターンアラウンドタイムを最小にする指針により設計を行うことが多い．たとえば，プログラムの実行前にすべてのリソースの使用量を宣言する JCL が必要である点，プログラム中で使用するファイルの大きさを実行前にしか宣言できず，またファイルの名前も自由に付けることができないファイルシステムなどがその一例である．

1.3 空間分割による多重化を行うためには，プロセスの必要とするリソースがどのような位置に配置されても，プロセス側からは同様のアドレス（名前）を指定することにより，アクセスの可能である設計が必要となる．したがって，オペレーティングシステムでは，プロセス側で指定するリソースの位置と実際の物理的なリソースの位置との間の変換を行う作業が必要となる．

1.4 **ユーザからみた利便性**：個人が使用するオペレーティングシステムにおいても，複数の仕事を同時に実行することが必要である．ネットワーク入出力，華やかなグラフィカルユーザインターフェース，個人のスケジュール管理ソフトなど縁の下の力持ち的なソフトウェアの増加など，ユーザの利便性を追求することを目的とするプロセスは増大の一方である．したがって，複数のプロセスを同時に実行可能な TSS 環境は必須である．

システム資源の有効利用：個人が使用するオペレーティングシステムで実行されているプロセスの大部分は，CPU リソースをほとんど消費しない待ちの状態が多い（ゲームなど CPU リソースを大量に使うアプリケーションの実行時は除く）．たとえば，スケジュール管理ソフトは決められた時刻がきたとき，もしくはユーザのスケジュール入力時のみ動作すればよい．したがって，TSS による CPU リソースの多重化を行っても見かけ上のプロ

演習問題解答　　169

グラム実行速度の変化がないだけでなく，待ち時間の有効利用はシステム資源の有効利用
となる.

1.5　クライアントサーバモデルは，データやサービスを提供する側(サーバ)と，サービスを
受ける側(クライアント)で実行しなければならないプログラムの性格が明確に分かれてい
る. サーバ側プログラムはデータを作成，クライアント側プログラムは，得られたデータ
を加工，表示することのみに専念することができる. したがって，サーバ側プログラムは，
分散処理を導入する以前のファイルへの書き込み処理，クライアント側はファイルからの
読み込み処理を想定したプログラミングモデルと同様であり，導入に対する特別な知識を
必要としない. また，データベースシステムや Web などのように，クライアントサーバモ
デルに適合するアプリケーションが多く存在したことも，この形態がいち早く広まった要
因の一つである.

1.6　インターネットを介したデータのやりとりは，計算機システム内のデータのやりとりに
比べて，数百倍から数万倍遅い. したがって，たとえば分割した複数の処理単位で，頻繁
な通信が必要なアプリケーション(たとえば，物体が衝突したときにどのように破壊される
かを計算により求める構造計算の場合，ある部分ごとに異なる計算を別々の計算機に依頼
する必要がある. しかし，それぞれの計算機は独立に計算することはできず，境界部分で
は相互の計算機間の通信が必要となる)では，計算機間の通信のオーバーヘッドにより，計
算機台数に見合った性能が発揮できない.

　一方，DNA 照合や暗号計算のように，一つの計算機に依頼する仕事が比較的長時間の
計算が必要であり，さらにほかの計算機とほとんど通信を行うことなく計算が可能なアプ
リケーションは，SETI@home のような計算手法を適用可能である. SETI@home で必要
とされる計算は，サーバから送られてきた信号をローカルの計算機でフーリエ変換するだ
けの仕事である. この仕事はサーバ以外のほかの計算機との通信は必要としないため，通
信にかかるオーバーヘッドが皆無である.

第2章

2.1　① 実行状態　　② 実行可能状態　　③ 待ち状態　　④ クオンタム　　⑤ PSW
　　⑥ PCB　　⑦ コンテキスト

2.2　割込みは，頻繁にかつさまざまな原因で発生するため，その処理はできるかぎり高速に
行わなければならない. 割込みベクタを用いることで，オペレーティングシステムは制御
がどのアドレスに移されたかにより，割込みの原因を高速かつ容易に知ることができる.
また，割込みベクタを用いない方法として，状態(cause)レジスタを用いる方法がある. こ
の場合，割込みが発生した時点で，同一の割込み処理ルーチンに制御が移り，割込み処理
ルーチン内で，状態レジスタを参照することにより，適切な割込み処理を行う.

2.3　UNIX の csh で実装されたジョブコントロールは，ユーザが実行したプロセスをつぎ
の三つの状態に分類するとともに，コンソールからの命令によりプロセスの状態を遷移さ
せる.

　　　フォアグラウンド実行中(forground)：標準入力を確保した状態で実行中のプロセス
　　　バックグラウンド実行中(background)：標準入力を確保しない状態で実行中のプロ
　　　　　　　　　　　　　　　　　　　　　　　　セス
　　　一時停止中(suspend)：一時停止中のプロセス
これらの状態は csh に対して解図 1 に示すコマンドを入力することにより遷移する. なお，
図中のプロセス番号は jobs コマンドにより，出力することができる.

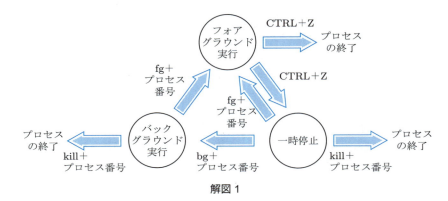

解図 1

2.4　① 10^{-9} 秒　② 10^{-7} 秒　③ 10^{-3} 秒　④ 10^{-1} 秒

2.5　A：プロセス識別子，ユーザ名，既実行時間，実行優先度
　　　B：プログラムカウンタ，割込みマスク
　　　C：割込みベクターテーブル，割込み処理ルーチン

第 3 章

3.1　① プリエンプション　② スタベーション　③ エージング

3.2　プロセスの実行に終了目標時間(deadline)を設定し，目標時間に近づくと，プロセスの優先度を上げて該当プロセスに CPU リソースが配分されやすいようにするスケジューリング．この方式だけでは処理のリアルタイム性を厳密に保証することは困難であるが，近似的な実装手法としてよく用いられる．

3.3　(1) ① $Q=\infty$ の場合の CPU の利用効率 $= \dfrac{nT}{nT+(n-1)S}$, $n \to \infty$ とすると $\dfrac{T}{T+S}$.
　　② $Q>T$ の場合の CPU の利用効率 $= \dfrac{T}{T+S}$.　③ $S<Q<T$ の場合, $\dfrac{Q}{Q+S}$.
　　④ $S=Q$ の場合, $\dfrac{Q}{Q+Q}=\dfrac{1}{2}$.

　　(2) スーパーバイザコール割込み，プログラムチェック割込み，入出力割込みなど．なお，詳細は 2.2 節参照．

3.4　(1) 各プロセスのターンアラウンドタイムは，それぞれ 15 秒，20 秒，22 秒，平均 19 秒(解図 2).

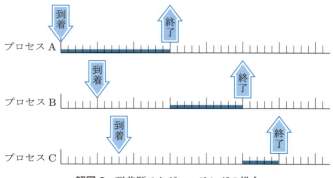

解図 2　到着順スケジューリングの場合

(2) 各プロセスのターンアラウンドタイムは，それぞれ30秒，24秒，14秒，平均22.7秒(解図3).

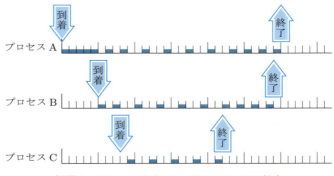

解図3 ラウンドロビンスケジューリングの場合

(3) 各プロセスのターンアラウンドタイムは，それぞれ15秒，25秒，12秒，平均17.3秒(解図4).

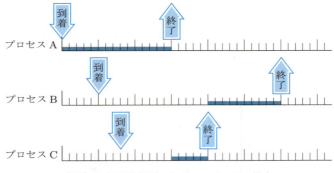

解図4 処理時間順スケジューリングの場合

第4章

4.1 スピンロックによるプロセスの待ち状態では，実質的にプロセスは実行中である．したがって，プロセスを待ち状態に移行するほかの排他制御に比べて，プロセスを高速に再開可能である．また，マルチプロセッサシステムの場合，CPUリソースが十分に提供される場合も多くあり，その場合は短時間のビジーウェイティングがシステムの全体性能に及ぼす影響は無視できる．

4.2 (略解)リソースを利用する前に排他制御を行わない方式．リソースを利用した後，リソースへのアクセス競合をログなどによりチェックし，もしリソースの同時利用が判明した場合は，そのアクセス処理すべてを取り消すことによって一貫性を回復する．リソースへのアクセス頻度が少ない場合に有効である．たとえば，データベースアクセス時の一貫性制御に用いられることが多い．

4.3 利点：プログラミングが容易である．欠点：長時間の割込み禁止はシステム性能の低下につながる．

4.4 SWAP命令は，二つのレジスタを交換するため，以下のような命令操作（疑似命令）が

必要となる．

```
TEMP   <-  R1
R1     <-  R2
R2     <-  TEMP
```

これは，CPU 内で 3 回のデータ転送が必要であることを示している．現在はデータ転送を 1 回とする RISC アーキテクチャが主流のため，容易に実装することは困難であり，3 回のデータ転送を 1 命令で行う専用回路が必要となる．

一方，TS 命令の命令操作は以下である．

```
R2     <-  R1
R1     <-  "0"
```

1 行目は通常のレジスタ転送であり，CPU のハードウェア拡張は必要としない．さらに，0 をレジスタに代入するのは GND レベルを用いて代入操作ができるため，データ転送のための特別な回路も必要としない．

第 5 章

5.1 プロセス P1 が資源 R3 を要求した場合にデッドロックが発生する．二つ以上のプロセスが資源を保持しているプロセスと，その資源を待っているプロセスとの間に循環関係がある場合にデッドロックが発生する．

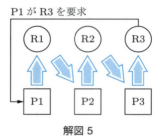

解図 5

5.2 居眠りをする床屋の解答例は下記のとおり．

```c
#define CHAIRS    5        /* 待つための椅子の数 */
int       wait=0;          /* 待っている客の数 */
semaphore barbers=0;       /* 理容師の数 */
semaphore customers=0;     /* 待っている客の数 */
semaphore mutex=1;         /* 排他制御用 */
barber()
{
  while(TRUE){
    P(customers);          /* もしお客がいない場合は眠る */
    P(mutex);              /* wait の排他制御 */
    wait=wait -1;          /* 待っている客を減らす */
    V(barbers);
    V(mutex);              /* wait への排他制御終了 */
                           /* 散髪をする; */
  }
}
customer()
{
  P(mutex);                /* wait の排他制御 */
  if(wait<CHAIRS){
    wait=wait +1;
    V(customers);          /* 客が来たことを知らせる */
    V(mutex);
    P(barbers);            /* 理容師が空くのを待つ */
    散髪をしてもらう
  }
```

演習問題解答　173

```
        else{
            V(mutex);
        }
    }
```

5.3　プロセス A とプロセス B は，逆順で共有資源 R1，R2 の確保を行っている．したがっ
て，プロセス A が R1 を，プロセス B が R2 を確保した場合，デッドロックとなる．この
場合は，共有資源の確保の順番を同順で行うことにより解決可能である．

第 6 章

6.1　① 排他制御　　② 際どい領域（クリティカルセクション）　　③ セマフォア
　　④ P　　⑤ V　　⑥ モニタ　　⑦ オブジェクト

6.2　（略解）Java モニタは，syncronized を宣言したメソッドをもつオブジェクトで構成
される．syncronized 宣言されたメソッドを実行することにより，実行したオブジェクト
はロックされ，そのメソッドの実行が終了するまで，オブジェクト内のほかのメソッド実
行は禁止される．クラス内のメソッド（条件変数）として，ロック解除と実行中断（実行し
たスレッドは待ち行列に移行）を同時に行う wait，待ち行列内のスレッドの一つを起こす
notify，待ち行列内のすべてを起こす notifyAll がある．

6.3　アセンブリ言語において，マシン語の命令の前に Lock 指定を行うと，メモリに書き込
む特定の命令の実行中に，ほかのプロセスが同一メモリにアクセスできないようにロック
し，命令途中での割込みを禁止する．なお，IA-32 アーキテクチャにおいて，プリフィッ
クスとは，マシン語の前に何らかの指定を行うことにより，後続する命令の動作を変える
しくみである．

第 7 章

7.1　① ユーザモード　　② 下限レジスタ　　③ スーパーバイザモード　　④ 割込み

7.2　7.1 節参照.

7.3　システムコールとは，オペレーティングシステムが提供する機能を直接利用するため
の関数であり，システムコールが呼び出されると，呼び出し側のプロセスは待機状態とな
り，UNIX カーネルがスーパーバイザモードで呼び出された関数を実行する．一方，ライ
ブラリ関数は大きく分けて 2 種類存在する．一つは，最終的にはシステムコールを呼び出
すが，直接システムコールを呼び出すよりもよりプログラマにとって使いやすいインター
フェースを提供する形式である．例として，fopen()，fread()，fgets() などがある（open()，
read()，write() はシステムコール）．もう一つは，文字列操作や計算などを行う関数であ
り，関数内でシステムコールを呼び出さない関数である．

第 8 章

8.1　① 共有ライブラリ　　② 再入可能（リエントラント）　　③ $n/2$　　④ メモリフラグ
メンテーション　　⑤ メモリコンパクション

8.2　② static 宣言した変数は，関数の呼び出し終了後も結果が関数内に保存されるため，
つぎに関数を呼び出した際の変数の値が変化する．

　　③ リエントラント性とは，一つの関数を同時に二つ以上のプロセスが利用できることで
ある．固定されたメモリ領域の使用は，二つ以上のプロセスの同時利用を妨げる．

8.3　11.3 節参照.

174 演習問題解答

第9章

9.1 (1) $2^{16} = 65536$ エントリー

(2) **参照ビット**: LRU の近似解法の一つに，ページフォールト間の各ページへの参照の有無により，スワップアウトするページを決定するアルゴリズムがあり，その際に用いられる.

修正ビット: 前回のスワップイン以降，修正されていないページは，次回のスワップアウト時にページフレーム中の実体を書き出す必要はない. したがって，修正ビットを確認することにより，スワップアウト時の書き出しの必要性を決定できる.

9.2 ①，③

解説 ② 通常のメモリフラグメンテーション(外部フラグメンテーション)はページングでは発生しないが，最終ページに使われない領域が発生する.

④ ページングは，ページ単位での共有アドレスしか設定できない. セグメンテーションは自由なアドレスを共有アドレスに設定可能である.

9.3 ページテーブルを参照し，仮想アドレス中のページ番号から主記憶中のページフレーム番号に変換する必要がある. もし，ページテーブルが主記憶内に存在する場合は，ページテーブルへアクセスするためのコストも必要となるが，通常は TLB などを用いて主記憶へのアクセスを削減する手法がとられる. また，ページテーブルを参照する時点で，ページテーブル内のアクセス制御フラグなどによる記憶領域保護を行う必要もある. インテル社 80386 以降の CPU は，CPU 内にこのような機能を行うハードウェアとして主記憶管理部(MMU)が実装されている.

第10章

10.1 セグメンテーション方式：③　　ページ化セグメンテーション方式：②，③，⑤

10.2 10.4 節および 10 章のコラム「RISC と CISC」参照.

10.3 (略解)モトローラ社 68030 では 4 レベルページングが採用された. しかもフィールド数，さらにそれぞれのフィールドのビット数を TCR (translation control register)によりプロセスごとに指定可能という非常に柔軟，かつ高機能なページングシステムである.

10.4 多重レベルページングを用いることにより，各プロセスが必要とするページテーブル自体も仮想記憶の対象となる. つまり，すべてのページテーブルのうち，直近にアクセスされたページテーブルの一部分のみが主記憶に存在することになる. したがって，プロセスが現時点で必要としてるページテーブル部分のみが主記憶に配置される.

10.5 ページ化セグメンテーションは主記憶の割り当てはページ単位の固定長割り当てなので，外部セグメンテーションは存在しない. しかし，プロセスには主記憶をページ単位で割り当てるため，たとえばページサイズが 8 KB の場合，複数割り当てページ群の最後のページで平均 4 KB の未使用領域（内部フラグメンテーション）が発生する. しかし，現在のプロセスに必要な主記憶量に比べると無視できる量である.

第11章

11.1 ① ページ番号　② オフセット　③ ページテーブル　④ ページフレーム　⑤ デマンドページング　⑥ デマンドプリフェッチ　⑦ 低い　⑧ LRU アルゴリズム　⑨ フェーズ化　⑩ 構造化

11.2 あるページがつぎにアクセスされる確率と，そのページの過去の参照間隔の間には反

比例の関係があることが経験的にわかっている．そこで，もっとも長く参照されていないページを，今後アクセスされる確率がもっとも低いページとし，スワップアウトの対象とする LRU アルゴリズムが近似手法として有効である．

11.3 LRU アルゴリズムは，CPU が主記憶にアクセスするたびに，テーブル内のページアクセス時刻を更新する必要がある．主記憶へのアクセスはほぼ CPU の 1 マシンサイクルごとに発生し，そのたびごとにページアクセス時刻を更新するオーバーヘッドが膨大であるため．

11.4 11.3 節参照．

第 12 章

12.1 **LRU**：ページフォールトが 10 回，最終のページフレームの内容は 9，6，8，3 ページ（解図 6）．

　　FIFO：ページフォールトが 12 回，最終のページフレームの内容は 3，8，9，6 ページ（解図 7）．

時刻 t		0	1	2	3	4	5	6	7	8	9	10	11	12	13	14	15	16
ページ参照列 ω		0	1	2	3	1	4	5	3	6	7	6	3	8	6	9	8	6
ページフレーム	0	0	0	0	0	0	4	4	4	4	7	7	7	7	7	9	9	9
	1		1	1	1	1	1	1	1	6	6	6	6	6	6	6	6	6
	2			2	2	2	2	5	5	5	5	5	5	8	8	8	8	8
	3				3	3	3	3	3	3	3	3	3	3	3	3	3	3

ページフォールト 10 回

● ページフォールトの発生とスワップインされたページ番号

解図 6 LRU

時刻 t		0	1	2	3	4	5	6	7	8	9	10	11	12	13	14	15	16
ページ参照列 ω		0	1	2	3	1	4	5	3	6	7	6	3	8	6	9	8	6
ページフレーム	0	0	0	0	0	0	4	4	4	4	4	4	3	3	3	3	3	3
	1		1	1	1	1	1	5	5	5	5	5	5	8	8	8	8	8
	2			2	2	2	2	2	2	6	6	6	6	6	6	9	9	9
	3				3	3	3	3	3	3	7	7	7	7	7	7	7	6

ページフォールト 12 回

● ページフォールトの発生とスワップインされたページ番号

解図 7 FIFO

12.2 (1) 1 ページ 1 KB，配列 A の 1 要素は 4 B なので，1 ページあたり 256 要素が格納できる．つまり，A[1][1]，A[1][2]，…, A[1][256] までが同一ページに格納される．したがって，最初にアクセスする A[1][1] のページと，つぎにアクセスする A[2][1] のページは異なる．つまり，内側の i のループでは配列 A へのアクセスごとに異なるページにアクセスされる．過去 100 ステップのアクセスページ数を必要ページフレーム数として確保する．これにより，j＝2，i＝1 のループを開始しても，必要なページはページフレームからスワップアウトしており，ページフォールトが発生する．したがって，このプログラムでは配列 A へのアクセスのたびにページフォールトが発生する．ページフォールト回数は $256 \times 256 = 65536$ 回となる．

　　(2) 内側のループを添字 j で回し，外側のループを添字 i で回すことにより，連続したページにアクセス可能である．その際のページフォールト回数は，外側の i の添字が変わるたびにページフォールトが発生するため，256 回となる．

12.3 仮想記憶を実装しているシステムでは，たとえプロセスが膨大な仮想記憶領域を確保しても，2 次記憶資源(ディスク領域)にのみ確保する．また，余計な 2 次記憶領域の確保が

システムに与えるコストは無視できる（現在この仮定は妥当だと考える）．一方，malloc()
で確保した仮想記憶領域を free() 命令により，オペレーティングシステムに返してしまう
と，頻繁に malloc()，free() を繰り返すプログラムの場合，プロセスが malloc() 時に毎回
オペレーティングシステムに仮想記憶の確保を依頼することによって処理コストがかかる．
したがって，実際に不必要になった仮想記憶領域をオペレーティングシステムへ返すこと
なく，プログラム内で確保するほうが，つぎの malloc() 時のオーバーヘッド削減に繋がる．

第13章

13.1 ① 順次アクセス　② 直接アクセス　③ テープ型　④ ディスク型
⑤ レコード　⑥ 論理レコード　⑦ 物理レコード　⑧ ボリューム
⑨ シリンダ　⑩ トラック　⑪ セクタ　⑫ クラスタ　⑬ 階層化ディレクトリ
⑭ カレントディレクトリ　⑮ 相対パス　⑯ 絶対パス　⑰ リスト
⑱ インデックス　⑲ 主記憶

13.2　利点：名前が自由につけられる．パス上のディレクトリごとにアクセス権限を設定す
ることが可能となる．リンク，シンボリックリンクを用いることによりファイルを共有し
やすい．

　欠点：ファイルの内容を参照する際に，パス上のすべてのディレクトリファイルも参照
する必要がある．つまり，2次記憶上にある複数個のファイルにアクセスするため，ファ
イルへのアクセスコストが高い．

13.3　方式については本文参照．

　リンク　利点：リンクがファイル実体の inode 番号を直接指定しているため，リンクファ
イルからのアクセスコストが低い．欠点：ファイル実体を，どのファイル名で共有してい
るかがわからない．

　シンボリックリンク　利点：リンク管理が容易で，実際のファイル実体を明示するため
に，どのファイル実体が共有されているかが明確にわかる．ディレクトリもシンボリック
リンクの対象とできる．欠点：シンボリックリンクファイルをアクセスした際は，さらに
指定されているパスをたどって実体にたどり着く必要があり，アクセスコストが高い．

13.4　ファイルのアクセス速度に重点をおいたファイルシステムでは，一つのファイルを連
続したセクタに配置することにより，ハードディスクヘッドの移動時間の減少と，論理的
なレコード番号から物理的なセクタ番号への変換のオーバーヘッドを削減する．このアク
セス速度の向上時に発生する欠点として，ファイルの大きさを自由に増減できないことが
挙げられる．つまり，前もって2次記憶上連続した位置に連続したセクタを確保する必要
がある．

13.5　① **バイト列ファイル**　利点：ファイル構造を意識することなく，ファイルの最初から
読むことができる単純なアクセス法．欠点：ファイルの区切りがないため，ファイルの一
部の部分的修正（書き込み）ができない．

　レコード列ファイル　利点：物理レコード単位で読み書きができるので，ファイルの部
分的な修正が可能となる．欠点：読み込み，書き込み時に，レコード長，レコード内の書
式を意識する必要がある．

　② **固定長割り当て方式**　利点：2次記憶内のどの領域に空き領域があっても，連続領域
として確保できるため，フラグメンテーションが生じない．欠点：2次記憶上で飛び飛び
の位置にあるセクタを，連続な1次元の領域として再構成するため，セクタ間の繋がりの

情報を管理しなければならないとともに，アクセス時にその情報を参照する必要がある．

連続領域割り当て方式 演習問題 13.4 の解答参照．

第 14 章

14.1 14.1 節参照．

14.2 同一プログラム中で同一ファイルを用いる場合，書き込みを依頼した操作の終了を確認した後，つぎの読み込み操作を行う必要がある．つまり，書き込み処理の終了確認はプログラマの責任となる．

14.3 （略解）RAID は，データを分散して記録するため，高速化や信頼性の向上が図れる．RAID 0 はストライピングともよばれ，複数のディスクへ均等にデータを割り振る．同時並行に書き込むことによって，読み書きの速度の高速化を図ることができる．RAID 1 はミラーリングともよばれ，同一の内容を二つのディスクに書き込み，信頼性の向上を図る．RAID 5 はデータからパリティ（誤り訂正符合）を生成し，データとともに分散して記憶する方式である．データとパリティを複数のディスクに分散することにより，たとえ一つのディスクが壊れたとしても，ほかのディスクに保存された内容から，完全なデータを復元することが可能である．

第 15 章

15.1 解図 8 に示すように，VMM 層は用いず，アプリケーションにはオペレーティングシステムが提供するリソースのうち制限されたリソースしか提供しない方式．たとえば，ファイルシステムへのアクセス，ほかのコンテナオペレーティングシステムのプロセス情報へのアクセスなどが制限される．重要なことは，一つのオペレーティングシステム上のプロセスとして，複数のコンテナが動作していることである．したがって，コンテナの作成速度は高速であり，また仮想計算機のようなオーバーヘッドも存在しない．

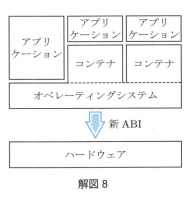

解図 8

15.2 仮想計算機を動作中のまま，ほかのサーバに転送させる手法．なお，一般ユーザには，この移動は透過的（意識させない）でなければならない．利点として，複数のサーバの負荷を均一にさせることが可能であることや，災害時の障害に強いことである．欠点としては，ユーザに意識させない高速な移動には，2 次記憶が移動前のサーバ（が動作しているハードウェア）と，移動対象となるハードウェアから同時にアクセス可能である必要があるが，このような機能をもつ 2 次記憶が高価な点がある．

15.3 CPU による高速化の支援はあるとはいえ，とくに高速なレスポンスタイムを要求される場合には向かない．たとえば，IP 電話交換サーバ，ネットワークパケットをルーティングするルータサーバ，データベースサーバなどへの適用は，要求されるレスポンスタイムを確認してから行う必要がある．

索　引

英数先頭

0 レベルページング　　109
1/2 ルール　　85, 89
2 次記憶装置　　1
ABI　　157
Belady の例外　　122
BOT　　130
CISC　　111
CPU　　1
C フラグ　　97
Dekker のアルゴリズム　　47
DEP　　99
EOF　　130
EOT　　130
EPT　　161
FAT ファイルシステム　　148
FCFS　　27
FIFO　　27, 122
FIFO バッファ　　55
IPC セマフォア　　73
IRG　　130
inode 番号　　151
inode 方式　　150
JCL　　7
LFU　　121
LRU　　114, 121
LTO　　130
MLF　　31
MMU　　79
MULTICS プロジェクト　　31
MUTEX　　44, 53
NFS　　10
OS　　2
O (1) スケジューリング　　37

PCB　　18
Peterson のアルゴリズム　　48
PS　　30
PSW　　18
P フラグ　　97
P 命令　　53
R2000　　109
ready　　19
RISC　　111
RR　　31
running　　19
SETI@home　　11
SPT　　28
SRT　　29
TLB　　101, 110
TS 命令　　49
TSS　　8
VM　　157
VMM　　157
V フラグ　　97, 106
V 命令　　53
wait　　19

あ　行

アトミック命令　　47, 72
イベント　　16
インスタンス　　67
インターバルタイマー　　16
インタラクティブ処理　　8
インデックス方式　　138
ウィンドウタイム　　125
エグジットシーケンス　　46
エクステント　　140
エージング　　30

エントリーシーケンス　　46
応答時間　　27
応用プログラム　　2
オーバーヘッド　　5
オーバーレイ　　92
オブジェクト指向　　65
オフセット部　　95
オペレーティングシステム　　2
オンライン処理　　10

か　行

階層化ディレクトリ　　133
下限レジスタ機構　　80
仮想アドレス　　94
仮想化　　4
仮想化モニタ　　157
仮想記憶　　94, 112
仮想計算機　　157
可変区画方式　　84, 98
カレントディレクトリ　　134
完全仮想化　　159
記憶領域保護違反　　81, 82, 98
飢餓状態　　30
キャッシュメモリ　　99
共有メモリ　　79
共有ライブラリ　　90
際どい領域　　44
空間的局所性　　117
空間分割多重化　　5
クオンタム　　9
区分編成　　132
クライアントサーバモデル　　10
クラスタ　　139

索 引　179

クリティカルセクション　44
経験則　29
計数セマフォ　54
固定区画方式　84
固定長割り当て方式　137
コンストラクタ　67
コンテキスト切り替え　19

さ 行

最長不使用ページ置き換え
　アルゴリズム　114, 121
最低使用頻度順ページ置き換
　えアルゴリズム　121
最適アルゴリズム　120
再入可能性　90
再配置可能　91
先入れ先出し型バッファ　55
索引順編成　132
参照ビット　115
時間の局所性　117
磁気テープ装置　129
シーク時間　132
実アドレス空間　79
実行可能状態　19
実行時結合　91
実行状態　19
時分割処理方式　8
時分割多重化　5
シャドウページテーブル方
　式　161
主記憶管理部　79
主記憶管理方式　78
主記憶装置　1
準仮想化　159
順次アクセス　130
順編成構造　132
条件変数　69
初期ロードプリフェッチ　113
食事をする哲学者問題　58, 70
ジョブ　6
ジョブコントロール言語　7
処理時間順スケジューリン
　グ　28
シリンダ　131
シンボリックリンク　135
スクラッチパッドメモリ　113

スタックアルゴリズム　123
スタベーション　30
ステージング　147
ストリーム型入出力　133
スーパーコンピュータ　9
スーパーバイザコール割込
　み　16
スピンロック　49
スラッシング　125
スループット　8, 27
スレッド　15, 21
スワップアウト　94
スワップイン　94, 113
スワップ操作　112
静的ページ置き換え方式　120
静的優先度　30
セクタ　131, 148
セグメンテーション　105
セグメント境界違反　105
セグメントテーブル　105
セグメント番号部　107
セグメントフォールト割込
　み　106
絶対パス表現　133
セマフォア　52
セマフォア変数　53
セマフォア命令　73
線形ハッシュ探索法　101
相対パス表現　134
即時実行可能形式　89

た 行

ダイナミックリンク　91
タイマー割込み　17
タイムシェアリングシス
　テム　8
対話処理　8
多次元アドレス空間　79
多重化　5
多重レベルフィードバックス
　ケジューリング　31
多重レベルページング　108
ターンアラウンドタイム　7, 27
単一仮想記憶　95
中央処理装置　1
直接アクセス方式　132
直接編成構造　132
通信バッファ　44
通信プロトコル　10

ディスク型デバイス　131, 137
ディスクキャッシュ　144
ディスクコンパクション　140
ディスクフラグメンテー
　ション　138, 140
テストアンドセット命令　49
テストアンドセットロック
　命令　49
デストラクタ　67
データ実行防止方式　99
デッドロック　45, 59
デバイスエミュレーション　163
テープ型デバイス　130, 137
デマンドプリフェッチ　113
デマンドページング　113
到着順スケジューリング　27, 33
到着順ページ置き換えアル
　ゴリズム　122
動的再配置　94
動的再配置機能　95, 113
動的ページ置き換え方式　125
動的優先度　30
トラック　131

な 行

内部フラグメンテーション　98
内容関数　79
入出力割込み　17
ネーミング関数　79
残り処理時間順スケジュー
　リング　29, 33
ノンプリエンプション方式　26
ノンブロッキング入出力　146

は 行

排他制御　44, 53
バイナリセマフォア　54
パススルー割り当て　163
パーソナルコンピュータ　9
ハッシュ関数　100
バッチ処理　7
バッファ　54

180　索　引

ハンドシェイク　45
ビジーウェイティング　49
非同期入出力　145
ヒューリスティックス　29
ファイル　128
ファイルポインタ　130
ファイル名　129
ファーストフィット方式　86
フェーズ化現象　117
物理アドレス空間　78
物理レコード　130
フラグ　46
フラグメンテーション　98
プリエンプション　29
プリエンプション方式　26
プリページング　113
プログラム状態語　18
プログラムチェック割込み　17
プログラム内蔵型計算機　92, 117
プロセス　6, 14
プロセス ID　101
プロセス干渉　41
プロセス間通信　44, 54
プロセス競合　41, 42
プロセス協調　41, 44
プロセス制御ブロック　18
プロセッサ等分割方式　31
ブロック　130
プロデューサ／コンシューマ問題　54
分散オペレーティングシステム　11
分散コンピューティング　11
分散処理　11

ページ化セグメンテーション　107
ページ参照列　120
ページテーブル　95
ページテーブルレジスタ　96
ページの動的再配置　97
ページ番号部　95
ページフォールト　113, 125
ページフォールト平均間隔　125
ページフレーム　95
ページング　95
ベストフィット方式　85
ボリューム　131

ま　行

マシンチェック割込み　17
待ち状態　19
マルチプロセッサ・マルチプログラミング方式　14
メインフレーム　9
メソッド　66
メモリ　1
メモリ関数　79
メモリコンパクション　85
メモリの断片化　85
メモリフラグメンテーション　85
モニタ　67

や　行

優先度　30
優先度順スケジューリング　30
ユニプロセッサ・マルチプログラミング方式　14
ユニプロセッサ・ユニプログラミング方式　14

予測ページング　113

ら　行

ライトスルー方式　144
ライトバック方式　144
ラウンドロビンスケジューリング　31, 34
リアルタイム処理　10
リエントラント性　90
リスタート割込み　17
リスト方式　138
リソース　2
リソースの割り当て　14
リーダライタ問題　57, 68
リロケータブル　91
リング型バッファ　55
リンク方式　134
ルート　133
例外割込み　17
レコード　130
レスポンスタイム　9, 27
連想レジスタ　101
連続領域割り当て方式　139
ロック／キー機構　81, 95
ロードモジュール　89
論理アドレス空間　78
論理レコード　130

わ　行

ワーキングセット　125
ワーキングセット法　125
ワーストフィット方式　86
割込み禁止　74
割込み禁止命令　49
割込み処理　16
割込み処理ルーチン　17
割込みベクタテーブル　19

著 者 略 歴

松尾 啓志（まつお・ひろし）
　1983 年　名古屋工業大学情報工学科卒業
　1989 年　名古屋工業大学大学院博士後期課程修了
　1989 年　名古屋工業大学電気情報工学科助手
　2003 年　名古屋工業大学電気情報工学科教授
　2004 年　名古屋工業大学情報工学科教授（改組による）
　　　　　現在に至る
　　　　　工学博士
　　研究分野
　　　　分散システム，仮想化システム，マルチエージェント協調学習

編集担当　加藤義之（森北出版）
編集責任　石田昇司（森北出版）
組　　版　アベリー / プレイン
印　　刷　シナノ印刷
製　　本　同

情報工学レクチャーシリーズ
オペレーティングシステム 第 2 版　　　　　　ⓒ 松尾啓志　2018

2005 年 11 月 9 日	第 1 版第 1 刷発行	【本書の無断転載を禁ず】
2018 年 2 月 28 日	第 1 版第 10 刷発行	
2018 年 11 月 30 日	第 2 版第 1 刷発行	
2025 年 2 月 19 日	第 2 版第 7 刷発行	

著　　者　松尾啓志
発 行 者　森北博巳
発 行 所　森北出版株式会社
　　　　　東京都千代田区富士見 1-4-11（〒102-0071）
　　　　　電話 03-3265-8341 ／ FAX 03-3264-8709
　　　　　https://www.morikita.co.jp/
　　　　　日本書籍出版協会・自然科学書協会　会員
　　　　　JCOPY ＜（一社）出版者著作権管理機構 委託出版物＞

落丁・乱丁本はお取替えいたします.

Printed in Japan ／ ISBN978-4-627-81012-9